AF496725

NOUVEAU MANUEL

DES

VICES RÉDHIBITOIRES.

IMPRIMERIE DE FÉLIX MALTESTE, RUE TRAINÉE, 15 ET 17.

NOUVEAU MANUEL

DES

VICES RÉDHIBITOIRES

DES

ANIMAUX DOMESTIQUES,

AVEC LEUR DÉNOMINATION ET LES DÉLAIS DE GARANTIE

DANS LESQUELS L'ACTION DOIT ÊTRE INTENTÉE EN FRANCE ;

CONTENANT :

1º LE RECUEIL CHRONOLOGIQUE des coutumes et arrêts des parlemens de France, concernant les vices rédhibitoires des animaux domestiques ;

2º UN TABLEAU par Nos et ordre alphabétique des préfectures et sous-préfectures de France, des provinces anciennes dont ils sont formés ; la nature des vices rédhibitoires des animaux, avec la dénomination de chacun, et les délais dans lesquels l'action doit être intentée suivant les usages des lieux ;

3º LES ARTICLES DU CODE CIVIL relatifs à la vente et à la garantie des vices rédhibitoires, avec des annotations d'arrêts de jurisprudence et observations sur la garantie ;

4º LES ARRÊTS DE JURISPRUDENCE des tribunaux, Cours royales et de la Cour de cassation sur cette matière et sur la compétence ;

5º LES DÉCRETS, LOIS, ARRÊTÉS, ORDONNANCES ET INSTRUCTIONS ministérielles sur les maladies épidémiques et épizootiques des animaux domestiques, et les DISPOSITIONS PÉNALES d'après les lois en vigueur et du nouveau Code pénal ;

6º INSTRUCTIONS pour apprendre à connaître l'âge et les poils des chevaux, et modèles d'actes pour les actions rédhibitoires.

PAR LAVENAS,

Auteur du *Manuel* pratique des *Huissiers* et du *Nouveau Code des poids et mesures,* etc.

⎯⎯⎯ ✦ ⎯⎯⎯

PARIS.

A LA LIBRAIRIE DU COMMERCE,

CHEZ **RENARD**, RUE SAINTE-ANNE, Nº 71.

1837.

PRÉFACE.

Jusqu'à présent il n'avait point été fait de recueil chronologique des coutumes et arrêts des anciens parlemens de France, concernant les vices rédhibitoires des animaux domestiques ; ces genres de vices méritent beaucoup d'attention, puisqu'ils intéressent une branche très-importante du commerce. Dans les ventes et achats d'animaux domestiques, les personnes les plus expérimentées y sont souvent trompées, les vices ou maladies dont ils sont atteints ne se déclarant qu'au bout d'un certain temps. Le Code civil ne parle que de la garantie pour les vices cachés et ceux apparens, sans les désigner, et que l'action résultant des vices rédhibitoires doit être intentée dans un bref délai, suivant la nature des vices et l'usage des lieux où la vente a été faite, ce qui renvoie aux coutumes et usages locaux qui existent dans les provinces de la France; il était donc indispensable de les analyser, ce qui a nécessité à l'auteur de cet ouvrage de longues et pénibles recherches pour parvenir à faire ce recueil.

Cet ouvrage contient aussi : 1° le TABLEAU RELATIF aux vices rédhibitoires et la durée des actions pour toutes les principales localités de la France, maintenues par les lois.

2° LES ARTICLES DU CODE CIVIL sur la vente et la garantie, avec des annotations d'arrêts de jurisprudence et des observations sur la garantie.

3° LES ARRÊTS DE JURISPRUDENCE des tribunaux, cours royales et de la cour de cassation, sur cette matière et la compétence.

4° LES ARRÊTS, DÉCRETS, LOIS, ARRÊTÉS, ORDONNANCES et INSTRUCTIONS ministérielles, relatifs aux maladies épidémiques et épizootiques des animaux domestiques, les dispositions pénales en vertu des lois, et les articles du nouveau Code pénal.

5° Une instruction pour apprendre à connaître l'âge et les poils des chevaux, pour la désignation de l'animal et constater les vices rédhibitoires.

6° Enfin, des modèles ou formules d'actes pour les actions rédhibitoires.

L'auteur de cet ouvrage a donc rendu un service éminent à la société, principalement aux personnes qui font des ventes et achats de bestiaux et animaux, tels que marchands forains, propriétaires, fermiers, cultivateurs, voituriers, aubergistes, maîtres de poste, entrepreneurs de messageries et de roulages, maréchaux experts, artistes vétérinaires, etc., afin d'éviter les difficultés suscitées par la mauvaise foi, et les moyens de les prévenir.

Il sera d'une utilité indispensable aux maires, adjoints, gens de justice, tels qu'avocats, avoués, agréés, huissiers, etc.; ils seront bien aises de trouver assemblés les lois et arrêts qui se rattachent spécialement aux vices rédhibitoires des animaux domestiques, lorsqu'il s'élève des contestations, etc.

Le public n'a pas à sa disposition des bibliothèques de jurisprudence, et n'a pas le temps ni le loisir d'y faire des recherches sur les règles de cette matière, qui se trouvent dispersées dans un grand nombre de traités divers; ceux qui sont les plus versés dans la connaissance du droit seront bien aises de trouver ici rassemblés en recueil les coutumes, les arrêts et la jurisprudence qui ont rapport à cet objet.

Cet ouvrage manque, et nous pouvons attester que rien de ce genre n'a encore paru d'aussi complet et véritablement utile. La lecture que nous en avons faite nous l'a prouvé, comme elle le prouvera à tous ceux qui en prendront connaissance.

Ces manuels ou recueils particuliers sur chaque matière sont recherchés par le public, qui en a reconnu l'utilité; et on espère que celui-ci n'aura pas un accueil moins favorable.

NOUVEAU MANUEL

VICES RÉDHIBITOIRES

DES ANIMAUX DOMESTIQUES.

PREMIÈRE PARTIE.

—

¦PRÉLIMINAIRE.

Le Code civil n'a pas fixé les délais dans lesquels la garantie des vices rédhibitoires doit
être intentée ; les causes spéciales de rédhibition
sont celles qui s'appliquent aux chevaux, aux
bêtes à cornes ou à laine, aux porcs : elles sont
prévues et limitées par d'anciennes coutumes
locales ou par des réglemens et des usages qu'il
a été dans l'intention du législateur de maintenir
par la nature du contrat de vente. Le vendeur
doit garantir l'acheteur que la chose est exempte
de vices, de défauts cachés qui la rendraient
impropre à l'usage auquel elle est destinée, d'a-
près l'art. 1641 du Code civil, ce qui s'entend des
défauts regardés par les divers usages et réglemens locaux comme rédhibitoires; il faut dire en
général qu'il n'est pas permis d'avoir égard à
d'autres cas rédhibitoires qu'à ceux que ces cou-

tumes ou ces réglemens ont prévus, et qu'on a voulu obéir à cet usage, qui depuis les temps les plus anciens est la règle de pareilles transactions; on n'a pas voulu faire une innovation. La connaissance vulgaire que l'on a dans de pareils marchés sont la meilleure interprétation des parties contractantes. Il était donc indispensable de recueillir à cet égard les usages locaux que le législateur a conservés par l'art. 1648 du Code civil, ce qui a nécessité la matière d'un traité spécial.

Les jurisconsultes qui ont traité les vices rédhibitoires, sont d'avis unanimes que les coutumes et anciens usages relatifs y sont maintenus.

M. Huzard, médecin vétérinaire, en son ouvrage intitulé *De la garantie et des vices rédhibitoires* dans le commerce des annimaux domestiques, édition de 1833, dans plusieurs chapitres, persiste à soutenir l'abolition des coutumes et des usages anciens, par des motifs qui ne sont pas fondés. Dans ce même ouvrage, M. Huzard fait le législateur en se permettant de dicter et interpréter l'art. 1648 du Code civil à sa manière de voir, en y faisant des changemens et additions, en sollicitant un code rural. Mais il n'en est point ainsi, puisqu'on a voulu, lors de la discussion du Code civil, maintenir les usages locaux, ce qui est en opposition au système de M. Huzard.

Il suffira de lire le rapport et le discours prononcés au corps législatif sur le projet du Code civil, que nous rapportons ci-après.

Extrait *du rapport fait au tribunat par* **M. Faure,** *dans la séance du* **12** *ventôse an* **XII** (**3** *mars* **1804**) *sur le projet de loi destiné à former le livre* **III** *du Code civil ; il a pour objet le contrat de vente, etc.*

N° 27. Il s'agit maintenant de celle relative aux autres objets : elle résulte des vices de la chose vendue. La question de savoir si tel ou tel vice est rédhibitoire par sa nature dépend singulièrement de l'usage des lieux ; la loi n'a pu donner sur cette garantie qu'une définition générale, à laquelle l'usage seul peut appliquer les espèces.

Quant aux dispositions d'après lesquelles la garantie a des effets plus ou moins étendus, ou même n'a pas lieu, malgré l'existence incontestable du vice elles sont prises dans l'équité, comme presque toutes celles qui appartiennent aux contrats.

Ainsi, le vendeur n'est pas tenu de la garantie, si, lors de la vente, l'acheteur a connu les vices, ou s'il a pu s'en assurer soit par lui-même, soit par des personnes en état d'en juger ; autrement il y aurait la plus grande instabilité dans les transactions humaines ; on reviendrait contre la plupart des conventions, sous prétexte qu'on n'avait pas assez de connaissance pour juger de la chose qu'on avait achetée.

Le vendeur n'est pas non plus tenu de la garantie, lorsqu'il a été stipulé que l'acheteur ne pourrait en exercer aucune. Que les vices fussent cachés ou apparens, l'acquéreur a bien voulu courir ce risque ; il doit s'imputer d'avoir consenti à cette clause.

Quand il n'y a point de stipulation pareille, et qu'au moment de la vente il existait quelque vice caché, l'acheteur a le choix de garder la chose ou de la rendre. S'il la garde, le vendeur doit lui restituer une partie du prix à dire d'experts. Cette restitution doit être proportionnée à ce que la chose vaut de moins par l'effet du vice nouvellement découvert. Si l'acheteur la rend, le vendeur doit lui restituer le prix entier et les frais de la vente.

On suppose que le vendeur ignorait lui-même les vices.

S'il les connaissait, sa mauvaise foi doit le forcer à réparer tout le préjudice que l'acheteur peut avoir souffert.

Le vendeur ne peut se dispenser de restituer le prix, sous prétexte que la chose n'existait plus, et qu'elle a péri lorsqu'elle était encore en la possession de l'acheteur : il suffit que l'acheteur prouve qu'elle a péri par suite de sa mauvaise qualité. En effet, dès que cette preuve est acquise, il est évident que l'acheteur ne peut être traité moins favorablement que s'il eût rendu la chose avant que cette perte arrivât. Il ne l'aurait rendu auparavant, que parce que le vice qu'elle avait en empêchait l'usage, et rien ne justifie mieux l'empêchement de l'usage que la perte qui est arrivée.

La loi proposée veut que l'action soit intentée dans le plus court délai : elle ne pouvait établir à cet égard un délai commun. L'usage des lieux et la prudence des juges y suppléeront.

Cette action, au surplus, n'a lieu qu'à l'égard des ventes qui n'ont pas été faites par autorité de justice. La vente par autorité de justice est accompagnée de formalités et de vérifications qui ne permettent point de craindre la fraude des vendeurs et l'ignorance des acheteurs. (*V. Législation civile de France*, par M. le baron Locré, t. 14, p. 186, 189 et 208.)

EXTRAIT *du discours prononcé au tribunat par M. Grenier, dans la séance du corps législatif du 15 ventôse an XII (6 mars 1804), en présentant le vœu d'adoption.*

La 2me section du chap. IV renferme les règles relatives à la garantie.

L'esprit d'analyse et de méthode a fait distinguer deux objets dans la garantie, savoir : la possession paisible de la chose vendue, et les défauts cachés qui pourraient s'y trouver, ou ceux désignés de tout temps par ces expressions: *vices rédhibitoires;* et, sous ces deux rapports, la section est divisée en deux paragraphes.

N° 25. Objet de la garantie que doit le vendeur.

La garantie de l'éviction est de l'essence de la vente, parce que ce contrat est cumulatif; elle doit donc exister de plein droit : son premier effet est d'obliger à la restitution du prix, car le vendeur n'a droit au prix qu'autant qu'il

1.

assure à l'acheteur la chose que le prix représente ; les parties peuvent néanmoins, en vertu de la liberté des conventions, modifier la garantie, et aller jusqu'à en stipuler l'exemption. Elle cesse même lorsque l'acquéreur, connaissant la possibilité de l'éviction, a consenti à en courir les risques : alors le contrat change de nature ; par cette raison, le vendeur ne doit pas la restitution du prix.

N° 26. Par rapport à la garantie en cas d'éviction, on retrouve dans le projet de loi les principes éternels consacrés par les lois romaines, et qui sont puisés dans l'équité naturelle.

La garantie est de droit ; on peut la modifier, y renoncer même ; mais aucune stipulation ne peut mettre le vendeur à l'abri de la garantie de ses faits personnels et de la restitution du prix ; il est impossible qu'en ne vendant rien on en touche un prix ; il était cependant juste qu'il y eût une exception à cette règle, lorsque l'acquéreur avait connu, lors de la vente, le danger de l'éviction, ou qu'il aurait acheté à ses risques et périls : alors l'acte prend le caractère d'un contrat aléatoire.

Lorsque la garantie a été promise, ou qu'il n'a rien été stipulé à ce sujet, le projet de loi règle ce qui doit être restitué à l'acquéreur, en cas d'éviction, d'une manière positive et d'après les principes reçus jusqu'à présent.

Motifs de ne pas établir de règle générale sur les vices rédhibitoires, et de renvoyer à l'usage des lieux.

N° 27. Le législateur n'a pas dû entrer dans le détail des vices rédhibitoires, parce qu'ils varient suivant les usages que la différence des localités a forcé de diversifier, et qu'eût contrarié une règle générale.

Quant à la garantie des défauts de la chose vendue, on y retrouve les même idées de justice et de morale. Quelques personnes regretteront peut-être que le projet de loi ne contienne pas le détail des vices rédhibitoires qui concernent principalement les ventes de certains animaux et de quelques denrées.

Mais le législateur a sagement fait de s'interdire, à cet égard, une disposition générale ; quelquefois la loi, dans son action, doit prendre le caractère de l'administration.

Il existe des différences qui tiennent aux localités, et la loi, pour vouloir être uniforme, deviendrait souvent injuste ; il faut donc, dans ces cas, que la loi respecte des usages antiques et invariables, qui sont eux-mêmes devenus une espèce de loi vivante.

Il a donc suffi de dire, comme on le voit dans l'article 67 (1648 du Code), que l'action résultant des vices rédhibitoires doit être intentée par l'acquéreur dans un bref délai, suivant leur nature et l'usage des lieux où la vente a été faite. (*V. Législation civile de France*, par M. le baron Locré, tom. 14, page 20, chap. X, p. 222, 226, 227 et 247).

Nota. La jurisprudence de la cour de cassation a consacré le principe des orateurs du gouvernement, en maintenant les coutumes et usages locaux ; les tribunaux et cours royales doivent également s'y conformer : des décisions contraires donneraient lieu à cassation ; ils doivent prononcer leurs jugemens suivant les usages constatés par une coutume écrite, des jugemens et arrêts d'anciens parlemens, autrement il y aurait violation.

A défaut de coutumes écrites, il faut suivre la jurisprudence du pays dans lequel l'usage s'est pratiqué.

Dans la *Collection des lois et arrêts de la cour de cassation* (par Sirey, tome 29, 1re partie, p. 371) aux mots : Usage, Convention, Interprétation.

Lorsqu'une difficulté est prévue et réglée, soit par la loi, soit par la convention, peu importe l'usage contraire : l'usage n'a effet que pour interpréter les clauses ambiguës, ou suppléer les clauses omises (1159, 1160, C. c.) ; si les juges ne constatent ni ambiguité du texte, ni omission de prévision, ils sont liés par la disposition de la loi, ou par la convention des parties, qui est aussi leur loi. (1134, C. c.)

(Sirey, tome 30, 1re partie, p. 305.)

(Coutume). Lorsque le texte d'une coutume est obscur et a besoin d'interprétation , plutôt dans les coutumes voisines que dans la loi romaine. Loi. (Ibid.)

L'attestation d'une jurisprudence locale, sur laquelle serait fondé un arrêt (qui en soi est contraire à la loi ou à une coutume en vigueur), ne peut la soustraire à la cassation , lorsque l'arrêt n'indique aucun monument positif de cette jurisprudence. (Ibid.)

Par ces considération et l'exposé que nous venons de faire, nous avons trouvé à propos d'analyser le recueil des coutumes et arrêts des anciens parlemens de France, pour faire connaître au public les délais des usages locaux concernant les vices rédhibitoires et la jurisprudence fixée sur ce point, afin d'éviter des procédures dispendieuses, et intenter les actions utilement en temps de droit.

CHAPITRE PREMIER.

Recueil chronologique des coutumes et arrêts des cours de parlemens de France sur la nature des vices rédhibitoires des animaux et les délais de garantie dans lesquels les actions doivent être intentées, suivant les usages des lieux où les ventes ont été faites, conservés par les rapport et discours prononcés au corps législatif sur le projet du Code civil et l'art. 1648 de ce Code.

§ 1er. *Le droit commun de la France et de la coutume de Paris, par Bourjon , t. 1 , chap. 5, sect. 3.*

De la garantie particulière dans la vente des chevaux et bestiaux, et du temps dans lequel elle doit être exercée.

Art. 14. La vente des chevaux et bestiaux a

ses règles particulières, et dans cette vente le marchand n'est pas plus étroitement obligé que le vendeur particulier. Trois vices donnent lieu à la résolution de la vente des chevaux et à la rédhibition du prix, pour quoi ces vices sont appelés rédhibitoires, c'est-à-dire anéantissant la vente. L'ordre public les a fait admettre pour la résolution de la vente, et a fait rejeter les autres, sauf les modifications ajoutées à la vente.

Le vendeur peut s'en décharger en l'exprimant par le marché. *Loiseau, de la garantie*, *ch.* **2**, *num.* 17, *p.* 5.

Art. 15. Ces trois vices sont la pousse, la morve et la courbature. En l'un ou l'autre de ces trois cas la vente du cheval est nulle, parce qu'ils le rendent incapable de service.

Cela est attesté par tous ceux qui ont écrit sur ce, et tel est l'usage du Châtelet, où l'on ne distingue pas entre le marchand et le particulier.

Brillon, dans son *Dictionnaire des arrêts*, v°. *rente*, rapporte un arrêt du grand conseil, du 9 novembre 1703.

Un maquignon vend un cheval à un mousquetaire, moyennant la somme de 450 fr. ; cette vente faite en présence d'un officier de la compagnie; quelques jours après, le cheval est monté par le mousquetaire, et est trouvé défectueux. Le mousquetaire, obligé de remettre un autre cheval dans la compagnie, fait assigner le maquignon pour voir dire qu'il sera tenu de reprendre son cheval et de lui rendre son argent. Sentence en la prévôté de l'hôtel en faveur du mousquetaire.

Il avait fait dresser un rapport où il était dit que le cheval était faible du pied de devant, et que cela provenait d'une fourbure. Le marchand, de son côté, avait aussi fait faire un rapport, suivant lequel le cheval n'avait aucun défaut dont la garantie était de droit.

Appel de la sentence au grand conseil par le marchand. Comme les rapports étaient contraires, le conseil ordonna un troisième rapport, portant que le cheval était froid du pied de devant ; et, sur ce troisième rapport, la sentence de la prévôté de l'hôtel a été confirmée. On observe sur l'espèce de cet arrêt que le défaut du cheval n'était cependant pas de ceux qui doivent donner lieu à l'action rédhibitoire ; mais il paraît que le motif de la décision était qu'un cheval destiné pour le service de la maison du roi doit être parfait de toute manière, et qu'il ne faut pas alors restreindre les cas rédhibitoires à la pousse, à la morve et à la courbature.

Art. 16. L'action pour la résolution de la vente doit être intentée dans les neuf jours, à compter du jour de la vente ; passé ce temps, il y a fin de non recevoir, fondée sur une juste présomption que le vice a pu survenir depuis la vente.

C'est la jurisprudence du Châtelet.

Art. 17. Tout autre défaut du cheval, autre que les trois ci-dessus, ne sont d'aucune considération, nonobstant iceux la vente subsiste. Dans la vente des bœufs pour la provision de

Paris, la mort de l'animal, dans les huit jours, donne lieu à la répétition du prix ; et cette répétition du prix a lieu, toute abstraction faite de la mort de l'animal ; c'est encore l'avantage public qui a conduit là.

On le juge ainsi au Châtelet.

Le parlement de Paris, par un arrêt du 14 juin 1721, rendu sur les conclusions de M. le procureur-général, a ordonné que le temps de l'action en garantie des cas rédhibitoires des vaches laitières et amouillantes demeurât fixé à quarante jours, et que les cas rédhibitoires seront le mal caduc et la pommelière.

Art. 18. Pour constater la mort des bœufs, le boucher n'a besoin que d'un seul procès-verbal ; il fait de ce preuve véridique.

Cela se juge ainsi en la chambre de police, à laquelle la connaissance de cette matière est attribuée, sauf la restriction qui forme la proposition qui suit.

Art. 19. Mais en recevant la restitution de son prix, le boucher doit rendre le cuir de l'animal ; si la mort de l'animal ne doit pas lui être nuisible, elle ne doit pour lui être une occasion de gain ; c'est ainsi que cette jurisprudence conserve tout intérêt.

Telle est la jurisprudence de la chambre de police.

Art. 20. Le vendeur d'un troupeau de moutons infectés d'un mal contagieux, est obligé de rendre le prix de la vente ; c'est ce vice qui annulle la vente; c'est dol personnel qui détruit la convention.

Cela est jugé au présidial.

Art. 21. Cette restitution aurait lieu, encore qu'il l'eût ignoré et qu'il eût vendu de bonne foi ; mais en ce cas, il ne doit aucun dommage et intérêt; mais, s'il a su le vice, non seulement il doit rendre le prix, mais encore dédommager l'acheteur de la perte de son autre bétail que le mal contagieux aurait infecté ; c'est dol marqué en ce cas, et qui justement porte son engagement plus loin que dans le cas qu'il a ignoré le vice, c'est-à-dire au dédommagement.

(Voy. Domat sur ce titre, et cela a été ainsi jugé au présidial.)

DISPOSITIF *d'un arrêt de la cour du parlement de* **Paris**, *qui déclare au nombre des cas rédhibitoires les maladies de sifflage et de cornage dont les chevaux sont attaqués.*

Du 25 janvier 1781.

La cour, reçoit les intervenans parties intervenantes, et les parties respectivement opposantes à l'exécution des arrêts par défaut; au principal, faisant droit sur l'appel, ensemble sur les interventions, sans s'arrêter aux interventions et demandes des parties de Barré et de Bonnières, ayant égard aux requêtes, interventions et demandes des parties de Rimbert et de Fromentin, a mis et met l'appellation et ce dont est appel au néant, en ce que, par la sentence dont est appel, il n'est point fait droit sur la demande en garantie formée par les parties de Rimbert contre celle de Villeneuve; émendant, quant à ce, condamne lesdites parties de Villeneuve à reprendre les trois chevaux dont est question, et à en restituer le prix aux parties de Rimbert, avec les intérêts, et à leur payer les frais de fourrière des chevaux, suivant le mémoire qu'elles en fourniront, ou suivant l'estimation à dire d'expert; faisant droit sur les conclusions de notre procureur-général, ordonne que le sifflage et le cornage seront désormais au nombre des cas rédhibitoires; ordonne que le présent arrêt sera imprimé, affiché partout où besoin sera, et notamment au marché aux chevaux de cette ville de Paris; condamne les parties de Villeneuve, Barré et de Bonnières, aux dépens de leur intervention et demandes, même en ceux faits par lesdites parties de Rimbert et de Fromentin, envers et contre toutes lesdites parties, tant en demandant, défendant, que des sommations et dénonciations. Si mandons mettre le présent arrêt à sa due, pleine et entière exécution en tout son contenu, selon sa forme et teneur; de ce faire donnons à nos dits huissiers ou sergens sur ce requis tous pouvoirs nécessaires, comme de faire par icelui tous actes et exploits de justice qu'il appartiendra. Donné en notre dite cour départementale, le 25 janvier 1781; collationné, signé Lutton; scellé le 13 février suivant.

Un cheval vendu à l'essai, le vendeur est tenu de le reprendre si le cheval est boiteux.

Le 16 juin 1713, arrêt du grand conseil, qui, en évoquant le principal et y faisant droit, déboute un marchand de chevaux. Il avait vendu un cheval 825 francs à un garde du roi : le garde du roi s'en servit pour aller à la revue; au retour de Versailles, le cheval se trouva boiteux : le garde voulut le faire reprendre au marchand de chevaux, lui disant qu'il l'avait garanti des défauts visibles, et même invisibles; le cheval ayant été visité par ordonnance du prévôt de l'hôtel, l'on trouva qu'il y avait une sécheresse de sabot; quoique l'on dit que ce ne fût pas un vieux mal, cela indiquait que ce cheval était en cet état lors de la vente. Il fut ordonné par l'arrêt, que le maquignon serait tenu de reprendre son cheval et de rendre l'argent. Condamné en l'amende et aux dépens.(*Dictionnaire des arrêts, par Brillon, t, 2, page* 164.)

COUTUME DE PARIS, PAR FERRIÈRE.

TITRE 6. *Des prescriptions de neuf jour pour vices de chevaux.*

Tome 2, *page* 287, n° 3. La troisième est de neuf jours, après lesquels un marchand qui a vendu un cheval ne peut être obligé de le reprendre, pour les trois vices et défauts dont les marchands sont garans pour ce temps, qui sont la pousse, la morve et la courbature.

C'est l'usage du Châtelet, comme remarque

Mornat, sur la loi, 1er §, *Si intelligatur*, et sur la loi *Sciendum*, 19e §, *ult.* ff. *De Ædil. edict.*, et Brodeau sur l'art. 125, n° 5.

C'est la disposition de la coutume de Sens, art. 160.

Cet usage est confirmé par plusieurs arrêts de la cour, et notamment par un de la tournelle civile, du 19 juillet 1680.

DISPOSITIF *d'un arrêt de la cour du parlement de Paris, portant réglement pour le marché de Sceaux, entre les maîtres bouchers et les forains, au sujet de la vente et garantie des bestiaux.*

Du 13 juillet 1699.

La cour, faisant droit sur les conclusions des gens du roi, a ordonné que les marchands forains seront garans envers les marchands bouchers, dans les neuf jours depuis la vente, pour les bœufs de quelque pays qu'ils viennent, et pour toutes sortes de maladies, ainsi qu'il s'est pratiqué jusqu'à présent; à la charge que les marchands bouchers les feront conduire depuis Paris à Sceaux en troupes médiocres, et par un nombre suffisant de personnes, les nourriront convenablement; et que les bouveries où ils les hébergeront seront nettes, bien couvertes et en bon état de réparations : en sorte que la mort desdits bœufs ne puisse être causée par la faute desdits marchands bouchers ou de ceux qu'ils préposeront à leur conduite, et que les visites et rapports, en cas de mort dans les neuf jours, seront faits en la manière accoutumée de l'ordonnance du lieutenant de police , etc.

A**rrêt** *du parlement, sur les conclusions de* **M.** *le procureur-général , qui fait un réglement au sujet de l'action rédhibitoire des vaches laitières et amouillantes que les marchands qui les vendent doivent garantir à ceux qui les achètent pendant quarante jours après la vente , et qui juge que les cas rédhibitoires sont le mal caduc et la pommelière.*

Du 14 juin 1721.

La cour, faisant droit sur le réquisitoire du procureur-général, a ordonné que le temps de l'action en garantie des cas rédhibitoires des vaches laitières et amouillantes demeurera fixé à quarante jours, et que les cas rédhibitoires seront le mal caduc et la pommelière ; et sera le présent arrêt lu, publié et affiché où besoin sera. Si mandons de mettre le présent arrêt à exécution selon sa forme et teneur. Donné à Paris, en notre dite cour du parlement, le 14 juin 1721 ; scellé le 25 dudit par le secrétaire du roi.

A**rrêt** *de la cour du parlement de Paris, qui suspend l'exécution d'un réglement du 14 juin 1721, et ordonne que par provision l'action en garantie des vices rédhibitoires de la vente et revente des vaches laitières et amouillantes n'aura lieu que pendant neuf jours, à compter du jour de la vente.*

Du 7 septembre 1765.

Vue par la cour, la requête à elle présentée

par le procureur-général du roi , contenant que
depuis plusieurs années les juges-consuls et le
bureau d'agriculture du Mans se plaignent des
abus qui résultent d'un réglement fait par arrêt
du 14 juin 1721 , sur le recours en garantie dans
le commerce des vaches laitières et amouillantes ; que par cet arrêt rendu entre un marchand de vaches et un habitant des environs de
Paris, il a été dit que l'action en garantie des
cas rédhibitoires de la vente et revente des vaches laitières et amouillantes serait dorénavant
fixée à quarante jours, et que les cas rédhibitoires seraient le mal caduc et la pommelière ;
que jusqu'à cet arrêt, l'usage constant et général dans le commerce de ce bétail avait fixé le
recours, pour cette garantie, à neuf jours, à
compter du jour de la vente ; que, quoique ce
nouveau réglement, fait par l'arrêt de 1721,
parût devoir être observé dans toute son étendue
du ressort de la cour, cependant plusieurs provinces, telles que la Touraine, l'Anjou, le Poi-
tou et quelques autres, ne s'y sont point soumises, et ont continué et continuent encore de
suivre l'ancienne jurisprudence des neuf jours ;
que la province du Maine ayant adopté ce nouveau réglement, n'a pas tardé à reconnaître les
inconvéniens de ce changement, les abus qui en
résultaient et le préjudice que le commerce en
souffrirait ; qu'en effet le nouveau réglement a
ouvert la porte à la mauvaise foi et a occasioné
la ruine de la plupart de ceux qui se sont attachés au commerce des vaches ; que pour s'en

convaincre il suffit d'observer qu'un nourricier vend dans les foires ou marchés de la province du Maine une vache qui est en bon état ; le marchand qui l'achète n'a d'autre but que de la revendre dans un autre marché : pour s'y rendre à un jour nommé, peut-être le lendemain ou peu de jours après, il la mène avec beaucoup d'autres avec célérité, sans s'embarrasser de la fatiguer à outrance, parce que si elle périt, il est assuré de son recours ; il la revend à un autre marchand : celui-ci conduit de la même façon à un autre marché, et ainsi successivement, de manière que le plus souvent cette bête a été forcée de faire, en assez peu de temps, cent, cent cinquante et même deux cents lieues, après avoir passé en huit à dix mains différentes ; en sorte que la bête, harassée de fatigue, maltraitée, et le plus souvent mal nourrie, meurt, et quelquefois en avortant. Alors le dernier possesseur, pour se mettre en règle, fait faire l'ouverture de la bête morte par un écorcheur, un boucher, un maréchal ou le premier venu, qui en dresse procès-verbal, sans aucun contradicteur, et déclare toujours que la bête avait le foie gâté, et qu'elle est morte de la pommelière ; c'est un style dont on ne s'écarte jamais : la preuve en a été acquise en l'an 1746, en laquelle il y eut une maladie épidémique. Sur plus de trois cents procès-verbaux qui furent faits alors des bêtes mortes, il n'y en eut pas un seul dans lequel on eût déclaré que les bêtes étaient mortes de la maladie courante, parce qu'elle n'était pas vice rédhibitoire ; tous au contraire portèrent que c'était de la prétendue maladie de la pommelière, maladie qui n'a été imaginée qu'en 1721, dont les symptômes ne sont point connus, et dont jusqu'à présent on n'a pu donner la définition ni en détailler la cause et les effets. Cependant, sur le fondement d'un pareil procès-verbal, celui qui l'a fait dresser exerce son recours, ou revient contre le nourricier, premier vendeur, qui est condamné à payer deux cents livres ou trois cents livres de frais, outre le prix qu'il avait reçu lors de la vente, qui ne va qu'à trente ou quarante livres ; qu'il serait trop long de relever tous les traits de mauvaise foi et les abus qui sont occasionés par l'exécution du recours en garantie au-delà des neuf jours ; que ceux qui viennent d'être relevés paraissent plus que suffisans pour engager la cour à prendre des mesures pour les réformer ; que pour y parvenir il paraît convenable d'avoir des mémoires circonstanciés de la part des sociétés d'agriculture, avec l'avis des officiers des bailliages et des juridictions consulaires, établies dans les provinces qui suivent le réglement de 1721 ; que d'ailleurs il semble nécessaire d'arrêter le cours de ces abus, dont les preuves se multiplient tous es jours, en suspendant par provision l'exécution dudit arrêt de 1721 jusqu'à ce que la cour soit en état de statuer sur l'opposition que le procureur-général se propose de former audit arrêt de 1721, par la présente requête ; pour quoi requérait le procureur-général qu'il fût

reçu opposant à l'arrêt du 14 juin 1721. En ce
que par ledit arrêt le temps de l'action en garantie des cas rédhibitoires de la vente et revente des vaches laitières et amouillantes a été
fixée à quarante jours, et avant faire droit à son
opposition, ordonne que dans le délai qu'il
plaira à la cour, les bureaux d'agriculture et les
jurés consuls de la province du Maine et des
autres provinces du ressort de la cour dans lesquelles il se fait commerce de bestiaux, seront
tenus d'envoyer au procureur-général du roi
des mémoires détaillés et circonstanciés sur
cette matière, pour lesdits mémoires faits, rapportés avec l'avis des officiers des bailliages et
sénéchaussées desdites provinces, et communiqués au procureur-général du roi, être par lui
prises telles conclusions qu'il appartiendra, et
cependant par provision, ordonne qu'il sera
sursis à l'exécution dudit arrêt de 1721, et que
l'action en garantie des cas rédhibitoires n'aura
lieu que pendant neuf jours, à compter du jour
de la vente, jusqu'à ce que par la cour il en ait
été autrement ordonné; ordonner que l'arrêt
qui interviendra sur la présente requête sera
imprimé, lu, publié et affiché partout où besoin
sera, et copies collationnées envoyées aux bailliages, sénéchaussées et juridictions consulaires
pour y être lues, publiées et enregistrées; en
joint aux substituts du procureur-général du
roi de tenir la main à son exécution et d'en certifier la cour dans le mois; ladite requête si-
gnée du procureur-général du roi : ouï le rap-

port de Me Claude Tudert, conseiller, tout considéré.

La cour reçoit le procureur-général du roi opposant à l'exécution de l'arrêt du 14 juin 1721, en ce que, par ledit arrêt, le temps de l'action en garantie des cas rédhibitoires de la vente et revente des vaches laitières et amouillantes a été fixé à quarante jours ; et avant faire droit sur son opposition, ordonne que dans trois mois les bureaux d'agriculture, et les juges consuls de la province du Maine et des autres provinces du ressort de la cour, dans lesquelles il se fait commerce de bestiaux, seront tenus d'envoyer au procureur-général du roi des mémoires détaillés et circonstanciés sur cette matière, pour lesdits mémoires, faits rapportés, avec l'avis des bailliages et sénéchaussées desdites provinces, et communiqués au procureur-général du roi, être par lui prises telles conclusions qu'il appartiendra ; et cependant par provision, ordonne qu'il sera sursis à l'exécution dudit arrêt de 1721, et que l'action en garantie des cas rédhibitoires n'aura lieu que pendant neuf jours, à compter du jour de la vente, jusqu'à ce qu'autrement par la cour il en ait été ordonné ; ordonne que le présent arrêt sera imprimé, lu, publié et affiché partout où besoin sera, et copies collationnées envoyées au bailliages, sénéchaussées et juridictions consulaires, pour y être lues, publiées et enregistrées ; enjoint au substitut du procureur-général du roi de tenir la main à son exécution et d'en certifier la cour dans le mois. Fait en parlement, le sept septembre mil sept cent soixante-cinq; collationné, Luton; signé Dufranc.

RÉDHIBITION (Jurisprudence).

La rédhibition est une action intentée par l'acheteur d'une chose défectueuse pour faire casser la vente, lorsqu'il y a du dol et de la mauvaise foi de la part du vendeur, et que la chose vendue se trouve atteinte de quelque vice rédhibitoire que le vendeur a caché.

Cette action tire son origine du droit romain, ainsi qu'on peut le voir au Digeste, titre *Ædilitio edicto*.

L'acheteur, en concluant à la nullité de la vente, et à ce que le vendeur soit tenu de reprendre la chose qu'il a vendue, demande en même temps la restitution du prix qu'il a payé.

On appelle vices rédhibitoires ceux qui sont tels qu'ils rendent la vente nulle; tels sont la pousse, la morve ou la courbature dans la vente des chevaux; dans ce cas, il faut que l'action rédhibitoire soit intentée dans les neuf jours.

Il y a pareillement lieu à la rédhibition en fait de vente de marchandise vendue par un marchand ou un artisan, lorsque la marchandise ne se trouve pas de la qualité requise par les statuts et réglemens de leur communauté; et, dans ce cas, l'action doit être intentée aussitôt que l'acheteur a eu connaissance du vice de la chose vendue; néanmoins, il n'y a point de temps fixe pour cela.

La rédhibition peut même avoir lieu dans la vente d'un fonds, lorsqu'il s'y trouve quelque vice qui était inconnu à l'acheteur et qui en rend l'usage inutile; comme s'il existe de ce fonds des vapeurs contagieuses.

Si la chose vendue ne se trouve pas de la qualité portée par le contrat, c'est encore une clause de rédhibition.

Au lieu de l'action rédhibitoiré, l'acheteur peut user d'une autre action appelée *actio quanti minoris*; celle-ci ne tend pas à résoudre la vente, mais seulement à obliger le vendeur de faire raison à l'acquéreur de ce qu'il a payé de trop, eu égard aux défauts de la chose vendue, et qu'il aurait probablement payé de moins, s'il eût connu ces défauts.

La rédhibition ni l'action *quanti minoris* n'ont pas lieu dans des ventes qui se font par autorité de justice, parce que la justice n'est jamais présumée avoir voulu trompée personne.

Les juges consuls connaissent de l'action rédhibitoire pour marchandises vendues entre marchands. Voyez les lois civiles, liv. 1, tit. II, section 11. Loisel, Institut., liv. 1, tit. IV, de reg. 17. Basnage, sur l'article 40 de la Coutume de Normandie, et ci-devant le mot Garantie.

Rédhibitoire, adjectif, terme de jurisprudence, se dit de ce qui tend à la rédhibition ou résolution d'une vente, à cause de quelque vice que l'on a caché à l'acheteur.

Les vices ou causes rédhibitoires sont les défectuosités qui donnent lieu à la rédhibition.

L'action rédhibitoire est celle que l'acheteur intente contre le vendeur pour parvenir à la rédhibition.   (Encyclopédie).

La garantie, en ce qui concerne la vente des chevaux, il faut distinguer la garantie du droit, la garantie conventionnelle et la garantie d'usage.

La garantie de droit ne s'exprime point; elle a lieu constamment, et quelles que puissent être les circonstances de la vente ; tout homme qui vend un cheval, est nécessairement astreint à répondre que l'animal lui appartient; c'est une loi immuable et de rigueur à laquelle il ne saurait se soustraire, parce qu'on ne peut, sous aucun prétexte et sans blesser les bonnes mœurs, transmettre une propriété que l'on n'a pas.

La garantie conventionnelle s'étend à tous les engagemens pris par le vendeur, il en est indispensablement tenu.

Enfin, la garantie d'usage, *ut mos regionis postulabat*, est relative aux vices déclarés, par les maximes usitées et reçues, être de nature à annuler la vente.

Ces vices ont été restreints parmi nous à la pousse, la morve et à la courbature. Voyez les coutumes de Sens, art. 160; de Bar, art. 87, etc. Dès que le cheval est atteint de l'une de ces maladies, l'acheteur est en droit de contraindre le vendeur à reprendre l'animal, et à lui restituer le prix donné. *Redhibere , est facere ut rursus habeat venditor quod habuerit.*

On ne doit point être étonné que la facilité de

dérober et de pallier pour quelque temps, et au moyen de certains médicamens, les signes caractéristiques de l'espèce de courbature, qu'un flux considérable d'humeur par les naseaux, décèle, ainsi que les symptômes évidens de la pousse et de la morve, qui d'ailleurs ont été regardées comme des maladies incurables, ait suggéré une disposition qui obvie aux fraudes que cette même facilité peut occasioner; mais il est surprenant que la jurisprudence varie et diffère sur la durée de l'action rédhibitoire, admissible dans ces trois cas. Il est des pays où l'acheteur doit se pourvoir dans les huit jours, à compter de celui de la délivrance du cheval. Voyez la coutume de Bourbonn., art. 87; Coquille, Instit. au droit de France; l'ancienne ordonnance de Paris, etc. Il en est d'autres où l'usage est d'en accorder quarante, après lesquels le vendeur est à couvert et à l'abri de toutes recherches. (Voyez la coutume de Bar, art. 205, les commentaires de Basnage, sur la coutume de Normandie, de l'acte en garantie, etc.)

Quoique la fixation du plus court de ces délais soit autorisée sur le risque de ces événemens qui peuvent arriver dans l'espace et dans la circonstance d'un terme plus long, il est certain qu'elle n'en est ni plus juste, ni moins illusoire. En premier lieu, la condition de l'acheteur est assez favorable pour qu'on ne doive pas craindre de prendre tous les partis et toutes les voies capables de réprimer dans le vendeur des infidélités qu'il commet, encore par ce plus de

hardiesse, lorsque la loi même qui la condamne
ne lui interdit pas toutes les exceptions captieu-
ses qu'il peut employer pour en abuser. S'il est
vrai, en second lieu, qu'il soit possible de faire
disparaître, au-delà des huit jours prescrits, et
pendant le cours d'un mois entier, les symptômes principaux et univoques des maladies
dont il s'agit, par le secours de quelques remèdes que je n'indiquerai point ici, parce qu'il
serait dangereux de mettre de pareilles armes
dans des mains qui ne sont que trop disposées à
s'en servir, il faut nécessairement convenir que
les coutumes et les ordonnances qui prescrivent
l'action en rédhibition, quand elle n'est pas intentée dans la huitaine, non seulement ne remplissent pas l'objet qu'elles semblent et qu'elles
doivent s'être d'abord proposées, mais favorisent
en quelque manière la mauvaise foi du vendeur.
il serait donc à souhaiter que tous les tribunaux
auxquels de semblables contestations sont dé-
férées, prononçassent uniformément et d'après
un principe généralement établi pour l'entière
sûreté des acheteurs, tel que celui qui est suivi
rigoureusement au parlement de Rouen (V.
Basnage).

Persuadé au surplus de l'inutilité de nos ré-
flexions sur toutes les ruses et sur tous les artifices
pratiqués par la plus grande partie des marchands
de chevaux, nous ne nous y livrerons point. Eh!
comment espérer de mettre un frein au dol, dès
que des personnes de tous les états ne rougis-
sent pas de les imiter, et surtout lorsqu'une

portion considérable de la noblesse même, par une sorte d'exception des règles de probité et des sentimens d'honneur, qui néanmoins sont, après ces titres, ce qu'elle vante ordinairement le plus, dispute publiquement et sans remords à des âmes viles et mercenaires, la gloire ou plutôt la honte d'avoir porté aussi loin qu'elles l'art et la science funeste de la fraude et du mensonge? A l'aspect de tous les détours odieux qu'il nous serait aisé de dévoiler, et qui seraient peut-être moins communs si, conformément à la police observée par les Romains et à l'édit fameux des édiles, tout vendeur était obligé de déclarer les défauts et les imperfections de l'animal qu'il vend, et n'avait pas même la faculté de s'excuser sur son ignorance, le philosophe ne peut que s'écrier avec Montaigne : La vertu assignée aux affaires de ce monde est une vertu à plusieurs plis, encoigneures et coudes pour s'accommoder à l'humaine faiblesse.   (Encyclopédie).

COUTUME DE NORMANDIE, PAR BASNAGE.

De l'action en garantie.

Art. 40. Nul n'est tenu attendre le quatrième garant sans avoir jugement, et le premier garant ne peut appeler le second sans faillir de garantie, ou s'en décharger, et ainsi de garant en garant.

Des actions rédhibitoires.

Pour les actions rédhibitoires, la distinction de la garantie de droit et de fait est nécessaire,

celui qui vend un cheval ou quelque autre animal, est toujours garant de droit, c'est-à-dire
que la chose lui appartienne; mais il n'est pas
garant de fait, c'est-à-dire que le cheval soit
bon; car le vendeur n'est point tenu des vices
et défauts apparens que l'acheteur a pu remarquer, parce que c'était à lui à y prendre garde,
et à bien le visiter; d'où il résulte qu'ordinairement aux actions rédhibitoires, la garantie de
fait n'est point due, si elle n'est stipulée. Quand
le contrat est pur et simple, et qu'il n'est point
fait mention de garantie, le vendeur n'est point
obligé de garantir que la chose soit bonne, et
qu'elle soit exempte de tous vices; l'acheteur a
dû connaître la condition et la qualité de la
chose qu'il achetait.

Exception de dol ou fraude.

Il faut néanmoins rapporter deux exceptions
à cette règle générale: la première, quand il y
a dol ou fraude de la part du vendeur; la seconde, pour certains vices latens et cachés,
dont la garantie est due sans aucune stipulation.

La police des Romains était fort belle sur cette
matière: ils ordonnaient aux vendeurs d'esclaves
et de chevaux d'en déclarer tous les vices et imperfections; et pour la vente même des maisons,
il fallait déclarer si elles étaient contagieuses. Le
vendeur ne pouvait pas même s'excuser sur son
ignorance, et cet édit des *Ediles* ne s'étendait
pas seulement à la vente des esclaves et des

chevaux, on l'observait pour la vente de toutes espèces de marchandises ; de sorte que le vendeur était obligé d'en déclarer les vices : lorsque l'acheteur avait été trompé, il pouvait agir en deux manières : par l'action rédhibitoire, la vente était entièrement annulée, le vendeur reprenait sa marchandise, et l'acheteur était restitué de son argent ; par l'action estimatoire, l'acheteur était récompensé de ce que la chose valait en moins.

On pouvait former cette action pour trois causes, la première, pour la réticence du vendeur, lorsqu'il n'avait point déclaré le vice ou la maladie, soit qu'il le sût ou qu'il l'ignorât; car il n'importait pas à l'acheteur qu'il fût trompé par l'ignorance ou par la malice de son vendeur; la deuxième, lorsque le vendeur avait promis quelque perfection en la chose qu'il vendait, ou qu'il l'avait garantie exempte de quelque défaut; et la troisième, si le vendeur ne voulait point garantir tout ce qu'il devait prêter par l'édit des *Ediles.*

Ces deux actions n'étaient pas d'égale durée ; la rédhibition devait être formée dans les six mois, et qu'après ce terme expiré, l'acheteur pouvait agir pour faire estimer la chose, et obtenir la condamnation.

L'action rédhibitoire reçue en certains vices des chevaux.

En France, la police n'y est pas si exacte que que parmi les Romains, et l'on n'apporte pas tant de précaution pour empêcher la surprise, et pour se mettre à couvert de la subtilité des vendeurs : nous trouvons néanmoins dans plusieurs coutumes de France des dispositions sur ce sujet ; celle de Sens, article 160, porte qu'un vendeur n'est tenu des vices d'iceux, excepté de morve, de pousse et de courbature, sinon qu'il les ait vendus sains et nets ; car, en ce cas, il est tenu de tous vices apparens et non apparens. La coutume de Bar s'en est expliquée en ces mêmes termes, art. 205 ; Auxerre, 151 ; Bourbonnais, art. 87. Loisel, en ses Intitutes coutumières, liv. 3, t. IV, art. 16, aux vices rédhibitoires de morve, pousse et courbature, y en ajoute un quatrième, les courbes ; et plusieurs estiment que l'action rédhibitoire est aussi recevable pour la maladie du tic.

Elle est reçue aussi aux moutons, vaches et
pourceaux.

Pour les autres animaux, comme moutons, vaches et pourceaux, ils ont aussi leurs vices latens et cachés, pour lesquels on peut exercer l'action rédhibitoire ; et Loisel, dans le même article 17, ajoute que les langueyeurs sont tenus de reprendre les porcs qui sont meseaux en la langue ; et s'il n'y avait rien en la langue, et néanmoins s'ils se trouvent meseaux dans le corps, le vendeur est tenu d'en rendre le prix, sinon qu'un troupeau fût vendu en gros.

La durée de cette action est diversement limitée par nos coutumes et par nos usages.

Quelques coutumes pour les vices rédhibitoires en vente de chevaux, ne donnent que huit jours à compter du jour de la délivrance. Bourbonnais, art. 87; et Coquille, en son Institution au droit français, dit que cela est conforme à l'ancienne ordonnance de police de Paris.

Quarante jours pour les chevaux.

La coutume de Bar, en l'article que j'ai remarqué, donne quarante jours, et c'est aussi l'usage de cette province; la raison est, que par des remèdes on peut empêcher que ces vices ne se découvrent pas sitôt, mais après un délai si long on n'est plus admissible : et c'est pourquoi celui qui a acheté un cheval, ne peut après les quarante jours agir en garantie contre son vendeur, quoiqu'il allègue qu'ayant revendu le même cheval à un autre, il n'a pu poursuivre son garant que du moment qu'il a été attaqué par le second acheteur. Cela fut jugé en la chambre des vacations, le 6 novembre 1663, en la cause des nommés Chefdelaville, Le Brun et Barbé; plaidans, de Cahagues, de l'Epinai et Theroude. L'arrêt fondé sur cette raison, que le second acheteur possède pour le premier; et que si l'on recevait après les quarante jours de la vente l'action en garantie contre le premier vendeur, il pourrait arriver qu'il serait inquiété même après un an, supposé qu'il y eût eu divers marchés faits d'un même cheval, ce qui détruirait la règle établie en cette matière. On avait jugé auparavant en la chambre de l'édit, le 29 mai 1653, entre les nommés Louis Létang et autres, que l'action rédhibitoire pour vente d'un cheval devait être intentée dans les quarante jours (1).

Pour les vaches et moutons, dans les neuf jours de la vente ou délivrance, ou suivant les différens usages des lieux.

Pour l'action en garantie pour vente de vaches et de moutons, elle a beaucoup moins de duré : elle doit être formée dans les neuf jours de la vente ou délivrance. Il y a néanmoins des lieux en cette province où l'on donne plus ou moins de temps, selon les usages différens.

Les hardes de chevaux exemptes de garantie.

C'est encore un usage que pour hardes (2) de chevaux, il n'y a point de garantie; ainsi jugé par arrêt, en la chambre des vacations, du 20 octobre 1657, le demandeur en garantie fut appointé à faire preuve de la promesse faite, lors de la harde, qu'on lui garantissait le cheval exempt de tous vices; c'était juger la question que, cessant la promesse, on n'aurait pu demander de garantie.

(1) *Action pour vices rédhibitoires réduite à 30 jours.*

Par un arrêt du règlement du 30 janvier 1728, la cour a ordonné que les actions pour vices rédhibitoires des chevaux, comme pousse, morve et courbature, seraient intentées dans le temps de 30 jours, faute de quoi, ledit temps passé, les demandeurs seront déclarés non recevables en leur action.

(2) Harder, vieux mot qui signifie troquer, échanger.

*Jurisprudence de Normandie, par Flaust, tome se-
cond, titre XVI, chapitre VI, p. 46.*

DES ACTIONS RESCISOIRES, ET DES ACTIONS RÉDHIBITOIRES.

Voilà tout ce qui se trouve dans les dispositions de notre coutume et du réglement de 1666,
sur le relèvement, la restitution en entier, ou
la rescision contre des actes, ces trois expressions sont synonymes en Normandie; nous n'y
trouvons rien sur les actions rédhibitoires;
mais la jurisprudence y suppléera. — La rescision ou la restitution contre un acte est un secours que les lois donnent à celui qui a été trompé,
à l'effet de le remettre au même état où il était
avant cet acte. Pour fournir la demande en restitution ou en rescision, il est nécessaire d'obtenir des lettres de chancellerie, et la rédhibition
est une action en résolution d'une vente à raison
de quelque défaut dans la chose vendue, suffisant
pour obliger le vendeur à la reprendre et annuler
la vente.

L'action rédhibitoire est différente de l'action
rescisoire; c'est une action ouverte à l'acquéreur
ou à l'acheteur, en certains cas, pour obliger le
vendeur à se ressaisir de la chose vendue, et en
remettre le prix. Domat nous dit : — « On appelle rédhibition la résolution de la vente, à cause
« de quelque défaut de la chose vendue, qui
« soit tel qu'il suffise pour obliger le vendeur à
« la reprendre et pour annuler la vente; mais
« pour qu'il y ait ouverture à cette action, il faut

« que l'acheteur ait ignoré les défauts de la
« chose vendue. » On peut consulter sur cela
les Lois civiles, liv. 1er, tit. II, section XI.

L'action rédhibitoire a lieu pour les immeubles comme pour les meubles. L'acquéreur
peut faire résoudre la vente, s'il se trouve chargé
de rentes foncières ou de servitudes réelles
qu'on lui a laissé ignorer, et qu'il n'ait pu connaître par lui-même ; cette action conduit à la
résiliation entière du contrat, ou du moins à
faire retrancher une partie du prix que la chose
a coûté à l'acquéreur ; la vente sera résiliée , si
la charge, la rente ou la servitude est assez onéreuse pour qu'elle eût été capable de dégoûter
l'acquéreur. Cette action a lieu aussi en achat
de certaines choses mobilières, si par le vice
qui s'y trouve elles ne sont point propres à l'u-
sage auquel elles sont destinées.

L'auteur des Lois civiles observe que, comme
il y aurait de trop grands inconvéniens à résoudre ou troubler les ventes pour toutes sortes de
défauts des choses vendues, on ne considère que
ceux qui les rendent absolument inutiles à l'u-
sage pour lequel elles sont en commerce, ou
qui diminuent tellement cet usage ou le rendent
si incommode, que s'ils avaient été connus à l'a-
cheteur, il n'en aurait point acheté du tout, ou
n'aurait acheté qu'à un moindre prix ; il remarque: quoique les défauts de la chose vendue fussent inconnus au vendeur, l'acheteur peut faire
résoudre la vente ou diminuer le prix, si ces défauts sont tels qu'ils y donnent lieu : il remar-

que, enfin, que le vendeur doit désintéresser
l'acheteur des frais où la vente aurait pu l'engager, comme des dépenses pour les voitures, droit
d'entrée, et autres semblables.

Ces principes sont bons, et sont fondés sur
des lois romaines, dont nous avons adopté les
dispositions; mais l'application n'en est pas générale, il n'y a que certains cas auxquels on
puisse la faire; ces cas-là sont assez connus pour
la vente des fonds, si l'acquéreur ne trouve point
tous les objets vendus ou la mesure qui lui a
été indiquée. S'il se trouve que le fonds, vendu
exempt de rentes seigneuriales, foncières, de
servitudes ou de charges réelles, y soit assujetti;
s'il a été vendu exempt et dégagé de toutes hy-
pothèques, et qu'il s'en trouve, etc., l'acquéreur a l'action en rédhibition ; mais cette action
ne produit pas toujours l'anéantissement du
contrat, le vendeur peut être reçu à suppléer
par une diminution du prix, lorsqu'il n'est pas
question de choses trop onéreuses, quand la
vente a été faite de bonne foi. Cette action a
toute la durée que peuvent avoir les actions en
garantie, dont je parlerai sous le chapitre suivant.

A l'égard de l'action rédhibitoire pour choses
mobilières, nous ne l'admettons pas indifférem-
ment dans toutes sortes de ventes, comme on
fait ailleurs : nous ne la connaissons que pour la
vente des chevaux et des bestiaux, tels que les
bœufs, les vaches et les moutons ; encore n'a-t-
elle lieu qu'en certains cas, et pour certaines

maladies que l'acheteur n'a pu voir ou connaître ; encore aussi le temps en est limité à un
bref délai. Les maladies pour les chevaux, qui
donnent ouverture à l'action rédhibitoire, sont
la morve, la pousse et la courbature. Basnage,
sous l'article 40, nous dit qu'on en ajoute une
quatrième, les courbes, et que plusieurs estiment que l'action rédhibitoire est aussi recevable pour la maladie du tic; mais je crois qu'il
faut se fixer aux trois premiers vices, parce qu'il
n'est question que de ces trois vices dans un
arrêt du 30 janvier 1728, dont je vais parler.
Denisart nous dit qu'en fait de vente de chevaux,
il n'y a que la pousse, la morve et la courbature,
qui, comme vices cachés, sont cas rédhibitoires,
et qui ne peuvent être étendus d'un genre à un
autre; il nous dit aussi, que, par arrêt du 26
juillet 1769, il a été jugé que le tic que peuvait
avoir un cheval n'était pas un cas rédhibitoire;
le tic du cheval consistait à ne point manger le
foin ou la paille au râtelier ; mais au contraire à
ronger le râtelier ou sa longe. Cependant, ajoute
l'auteur, suivant le traité sur les maladies des
chevaux, ce tic est mis au nombre des cas rédhibitoires, et on prétend qu'il se communique
aux autres chevaux.

Quant à la durée de cette action, Basnage,
sous le même article, nous dit qu'elle est de
quarante jours, et nous rapporte un arrêt du 29
mai 1653, qui l'a aussi jugé, mais la maxime l'a
changé. Nous avons un arrêt en forme de règlement, du 30 janvier 1728, qui a jugé que l'ac-

tion rédhibitoire pour les chevaux doit être intentée dans les trente jours de la vente, et
qu'après ce temps elle n'est plus recevable. Cet
arrêt prononce en ces termes : « Et faisant droit
« sur le réquisitoire du procureur général, or-
« donne que les actions pour les vices rédhibi-
« toires, comme pousse, morve, courbure, se-
« ront intentées dans le temps de trente jours,
« faute de quoi ledit temps passé, les deman-
« deurs seront déclarés non recevables dans leur
« action, etc. » Cette action ne se prorogerait
pas sous le prétexte que l'acheteur ayant vendu
lui-même le cheval, se trouverait inquiété dans
les trente jours de la vente qu'il en aurait faite ;
le second acheteur possède pour le premier, les
trente jours de la première vente expirée, le
premier vendeur ne pourrait plus être inquiété :
on trouvera dans Basnage un arrêt du 6 novembre 1665, qui l'a ainsi jugé.

A l'égard des autres bestiaux, tels que les vaches, les moutons, Basnage nous dit que l'action
a bien moins de durée, qu'elle doit être formée
dans les neuf jours de la vente ou de la délivrance, et qu'il y a néanmoins des lieux dans
cette province où l'on donne plus ou moins de
temps, suivant les usages différens ; mais je vois
dans l'arrêt de règlement dont je viens de parler, qu'on citait un autre arrêt en forme de règlement, du 19 juillet 1713, comme ayant fixé
à neuf jours l'acte rédhibitoire pour les ventes,
et je vois que tel est aujourd'hui l'usage général
pour les vaches et les moutons ; le même dé-

lai serait pour les bœufs : reste à savoir quels sont les vices rédhibitoires dans la vente des bestiaux.

Basnage nous dit sur cela : « Pour les autres « animaux, comme moutons, vaches et pour- « ceaux ; ils ont aussi leurs vices latens' et ca- « chés, pour lesquels on peut exercer l'action « rédhibitoire, etc.» Mais il ne nous dit point quels sont ces vices latens et cachés. Denisart nous parle d'un arrêt du parlement de Paris, du 14 juin 1721, dans lequel il est dit que les cas ré- dhibitoires pour les vaches laitières et amouil- lantes sont le mal caduc et la pommelière : et Pothier, dans son traité de contrat de vente, en parlant des vices rédhibitoires, nous dit seule- ment : « Pour qu'un vice donne lieu à la garantie, « il faut en premier lieu qu'il soit du nombre de « ceux qui, selon l'usage des lieux, passent pour « vices rédhibitoires : par exemple, c'est un « usage que la pousse, la morve et la courba- « ture passent pour vices rédhibitoires à l'égard « des chevaux : La coutume de Bourbonnais, « art. 87, en a une disposition. La pommelière « à l'égard des vaches, certaines maladies épi- « démiques et contagieuses, qui, dans certains « temps, règnent sur les animaux, sont un vice « rédhibitoire à l'égard de ceux qui en sont ma- « lades. »

Cela ne me paraît pas suffisamment instructif : j'aurais voulu trouver quels sont précisément les cas rédhibitoires pour les bœufs, les vaches et les moutons, comme nous les avons pour les

chevaux, mais toujours est-il que le mal caduc
et la pommelière sont regardés comme vices
rédhibitoires. On y ajoute, dans l'usage de Basse-
Normandie, l'étourdissement ou le tournoiement
dont sont attaqués les bœufs et les vaches. On
peut se fixer là, et tenir en conséquence que le
mal caduc, la pommelière et l'étourdissement
sont vices rédhibitoires pour les bœufs, le vaches et les moutons. A l'égard des porcs, on
n'en connaît d'autres que la ladrerie; mais on
prévient toute action à cet égard en les faisant
langueyer, et tel est l'usage.

Ne confondons pas les actions rédhibitoires
pour les choses mobilières, avec les actions
qu'on pourrait intenter contre les marchands
qui auraient fourbé et trompé dans la vente et
livraison des marchandises. Si nous avons réduit les actions rédhibitoires aux animaux et
aux vices dont a été parlé, nous n'avons fait
cette réduction que relativement aux choses
qu'on voit et qu'on examine, et à des vices
cachés que le vendeur pourrait avoir ignoré
comme l'acheteur : cela n'empêche pas que l'a-
cheteur n'ait une action particulière contre le
vendeur qui aurait substitué une chose à l'autre,
ou qui aurait vendu pour une chose de telle espèce une marchandise d'une autre espèce, ou
contre celui qui aurait vendu sur échantillon des
marchandises viciées ou défectueuses qui se
trouveraient dans l'intérieur de la balle ou de la
caisse : les fraudes des vendeurs peuvent donner
lieu à des actions particulières qui n'ont rien de

commun avec les bornes que l'on a données aux actions rédhibitoires.

COUTUME DE NORMANDIE.

Arrêt du parlement de Rouen, du 28 février 1721, p. 338, aux placités. Pour les vaches, la pousse n'est point un vice rédhibitoire, il n'y a que la rage, le mal caduc et la pommelière.

Des actions rédhibitoires ou en garantie; dans quel cas ont-elles lieu.

Dans le nombre des actions personnelles on distingue, surtout en Normandie, les actions rédhibitoires.

Elles ont lieu après la vente faite des bestiaux, et principalement des chevaux, lorsque le vendeur a certifié à l'acheteur qu'ils étaient exempts de tous vices, ou lorsqu'il n'a pas prévenu l'acheteur des défauts de l'animal, et qu'il n'était pas possible de les soupçonner ou de les apercevoir. Par un réglement de la cour du 30 janvier 1728, la cour a ordonné qu'à l'égard des maladies de pousse, morve et courbature, auxquelles elle paraît avoir restreint les actions rédhibitoires pour les chevaux, ces actions seraient intentées dans le temps de trente jours, après lequel temps les demandeurs seraient déclarés non recevables.

Le 19 juillet 1713, il y a eu aussi un règlement pour les moutons et les vaches; l'action en garantie à leur égard doit être formée dans les neuf jours de la livraison.

L'action en garantie pour les bestiaux n'a pas lieu quand ils sont échangés, à moins que cette garantie n'ait été expressément stipulée lors de l'échange. (Dictionnaire de droit de la coutume de Normandie, par Houard, t. I, p. 42.)

Vices rédhibitoires pour les vaches.

Le 28 février 1721, il fut jugé que la pousse n'était pas un vice rédhibitoire à l'égard des vaches.

Dans le fait, un particulier en avait acheté une : deux jours après, il fit sommer le vendeur de s'en ressaisir et de lui restituer la somme qu'il avait payée, sous le prétexte que la vache était poussive ; le vendeur lui répondit que la pousse n'était pas un vice rédhibitoire à l'égard d'une vache que l'on n'achète que pour être mangée ; que si elle avait des défauts qui puissent nuire au débit de sa chair, il consentait qu'elle fût visitée par experts, quoiqu'elle eût été tuée. Ceci fut adopté par le demandeur, et, en conséquence, les deux experts furent nommés : l'un déclara que la vache avait été poussive, l'autre soutient le contraire dans son procès-verbal ; le juge nomma un tiers d'office ; sentence dont le défendeur appela. Sur l'appel, on mit en thèse que l'on ne reconnaissait, en fait de vaches, que trois vices rédhibitoires, la rage, le mal caduc et la pommelière, maladie qui ne se connaît qu'après la mort de l'animal ; le foie se trouve alors attaché au poumon ; et on ajouta qu'aucun de ces défauts n'ayant été découverts en l'animal par les deux premiers experts, la nomination du troisième avait été inutilement et irrégulièrement prononcée. La cour approuva ce soutient, et mit l'appellation et ce dont est appel au néant; déchargea le vendeur des poursuites de l'acheteur, avec dépens. (Dict. de droit de la coutume de Normandie, par Houard, t. 4, p. 461.)

Gazette des Tribunaux du 5 *juin* 1830, N° 1503.

Département (Pas-de-Calais).

Le tribunal civil d'Arras vient de résoudre une question intéressante en matière de vente de chevaux, celle de savoir si l'épilepsie est un vice rédhibitoire. Le règlement provincial d'Artois, du 14 février 1785, n'admet comme vices rédhibitoires des chevaux que la morve, la pousse, la courbature et le cornage. Mais les réglemens locaux doivent-ils encore aujourd'hui servir de règle? Sous notre législation centralisée, chaque province aurait-elle conservé, en matière de vente d'animaux, ses principes à part et contradictoires dans les divers marchés du royaume? Le Code civil (article 1648), dit bien que l'action résultant des vices rédhibitoires doit être intentée dans un bref délai, suivant l'usage du lieu où la vente a été faite, d'où l'on voudrait inférer que le législateur moderne a entendu maintenir les anciens usages. Cette doctrine est fortement combattue par Huzard (Traité des vices rédhibitoires); elle a été également repoussée par le tribunal d'Arras, qui, par extension du réglement provincial du **14** février 1785, a appliqué à la vente d'un cheval atteint d'épilepsie, le principe absolu en matière de vente, qui veut que garantie soit due à l'acheteur pour tous les vices de la chose qui la rendent impropre à l'usage auquel elle est destinée (Art. 1641 du Code civil).

COUTUME D'ORLÉANS.

Chap. XIX. — *Des exécutions.*

Province (Orléanais), département (Loiret).

Art. 425. Quand aucun achète des porcs au marché, et, après qu'il les a achetés il les fait langayer (1) : et le langayeur trouve (2) qu'ils soient mezeaux (3), ledit acheteur ne sera tenu de les prendre si (4) bon lui semble ; il est dû au langayeur de chacun porc cinq deniers tournois, et combien que en langayant lesdits porcs ne se trouvent mezeaux. Néanmoins, si l'acheteur les fait mener, tuer et ouvrir, et que, en ce faisant, iceux porcs se trouvent mezeaux par dedans au corps ou jambons, ledit acheteur ne

(1) C'est-à-dire visiter la langue, pour connaître s'ils sont entachés du vice de ladrerie.

(2) Ce sont ceux dont la profession consiste à faire cette visite dans les marchés.

(3) Mezeau et mezellerie sont les mêmes choses que ladre et ladrerie.

(4) Il a, pour raison de ce vice, l'action rédhibitoire contre son vendeur.

les prendra, si bon ne lui semble, et en sera quitte en les rendant à son vendeur, lequel est tenu de les reprendre; et s'il est trouvé que en la langue y ait des grains de mezellerie, ledit langayeur (1) sera tenu de les reprendre et en bailler l'argent audit vendeur et en acquitter ledit acheteur; aussi doivent lesdits vendeur ou langayeur payer les frais faits par ledit acheteur, et faut que ladite langue demeure attachée auxdits porcs sans l'arracher; autrement n'en seront tenus le vendeur ni le langayeur. Aussi, si en langayant ledit porc se trouve mezeau, le langayeur sera tenu de fendre l'oreille audit porc pour marque, à peine de quinze sols d'amende pour chaque porc.

426. Si celui qui tue un porc arrache la langue sans avertir l'acheteur et lui dénoncer qu'il y a des grains en ladite langue ou aux jambons, ou dedans le corps, il est tenu de prendre ledit porc et en payer à l'acheteur les deniers à quoi ledit porc aurait été acheté, ensemble les frais faits par l'acheteur, et par prison.

427. Les langayeurs au marché sont responsables et tenus l'un pour l'autre solidairement.

Coutumes des duchés, bailliage et prévôté d'Orléans et ressort d'iceux, par Pothier. — Tome 2, titre XIX. Des exécutions, etc.

CHAP. 3. DE LA VENTE DES PORCS.

§ 3, p. 401, n° 136. De la police de ce qui

(1) Qui n'en a pas donné connaissance en fendant l'oreille du porc, comme il est dit ci-après.

concerne les langayeurs de porcs, et des **actions** rédhibitoires.

Les langayeurs de porcs sont des gens dont la profession consiste à être employés dans les marchés à visiter les porcs qui ont été vendus, pour connaître, par l'inspection de la langue de l'animal, s'il est mezeau, c'est-à-dire ladre ; c'est pour cela qu'ils sont appelés langayeurs. Les articles 426 et 427 contiennent les dispositions de police qui les concernent ; l'art 426 en contient une qui concerne ceux qui sont employés à tuer les porcs.

N° 137. Il est aussi parlé de l'action rédhibitoire que l'acheteur a contre le vendeur, lorsque e porc se trouve ladre.

On appelle action rédhibitoire, l'action qu'a l'acheteur contre le vendeur, pour faire déclarer nulle la vente par rapport à quelque vice de la chose vendue, que l'acheteur a ignoré.

Ces vices et l'action à laquelle ils donnent lieu, sont appelés rédhibitoires, du mot latin *redhibere*, qui signifie la même chose que *reddere*, (L. 21, ff. *Ædil. edict.*), parce que l'acheteur par cette action, sur les offres qu'il fait au vendeur de lui rendre la chose, le fait condamner à lui rendre le prix ou à l'en décharger s'il ne l'a pas encore payé.

N° 138. Outre l'action rédhibitoire pour le vice de ladrerie des porcs, dont la coutume parle, l'usage a admis des actions rédhibitoires pour certains vices des chevaux, qui sont la pousse, la morve et la courbature ; et à l'égard des **vaches**, pour le mal caduc et la pommelière. L'usage est ici que ces actions doivent être données dans les quarante jours de la vente du cheval ou de la vache.

Traités sur différentes matières de droit civil, appliquées à l'usage du barreau, et de jurisprudence française, par Pothier, 2ᵉ édit., tome 1. — Traité du contrat de vente, partie II, chap. I, section 4, art. 11.

Quels vices donnent lieu à la garantie, et en quels cas.

N° 204. Pour qu'un vice de la chose vendue donne lieu à la garantie, il faut le concours de quatre choses : 1° que le vice soit du nombre de ceux qui, selon l'usage des lieux, passent pour rédhibitoires; 2° qu'il n'ait pas été connu à l'acheteur; 3° qu'il n'ait pas été excepté de l'obligation de garantie par une clause particulière du contrat; 4° qu'il existe au temps du contrat.

N° 205. Pour qu'un vice donne lieu à la garantie, il faut en premier lieu qu'il soit du nombre de ceux qui, selon l'usage des lieux, passent pour rédhibitoires.

Par exemple, c'est un usage que la pousse, la morve et la courbature passent pour vices rédhibitoires à l'égard des chevaux; la coutume du Bourbonnais, art 87, en a une disposition. La pommelière, à l'égard des vaches, est aussi un vice rédhibitoire.

Certaines maladies épidémiques et contagieuses qui, dans certains temps, règnent sur les animaux, sont un vice rédhibitoire à l'égard de ceux qui en sont malades.

N° 209. Il faut, pour qu'il y ait lieu à garantie, que le vice rédhibitoire n'ait pas été connu de l'acheteur lors du contrat. Si l'on peut justifier qu'il en a eu connaissance, il n'est pas recevable dans la demande en garantie.

Cela a lieu lorsque les parties ne se sont pas expliquées sur la garantie. Mais si l'acheteur, quoiqu'il eût connaissance du vice, en a stipulé expressément la garantie, il sera reçu dans sa demande ; le vendeur qui s'est soumis expressément à cette garantie ne sera pas recevable à exciper de la connaissance qu'il prétend que l'acheteur en a eue. C'est la décision de la loi.

Néanmoins s'il parait que c'est l'acheteur qui, en dissimulant la connaissance qu'il avait du vice au vendeur qui l'ignorait, a induit le vendeur en erreur, en ce cas, le vendeur serait fondé à exclure l'acheteur de sa demande, par l'exception de dol.

N° 217. L'acheteur est en droit de demander, par l'action rédhibitoire, la résolution et nullité du marché, et qu'en conséquence les choses soient remises au même état que s'il n'était pas intervenu. L'acheteur a droit de demander que le vendeur soit condamné à lui rendre le prix qu'il lui a payé, même les intérêts depuis le jour du paiement qu'il en a fait, jusqu'à ce qu'il lui ait été rendu.

Il a droit aussi de demander que le vendeur

soit condamné à le rembourser de tous les frais du marché, et à tous ceux qu'il a été obligé de faire par rapport à la chose vendue.

N° 218. Les frais de nourriture d'un animal ne peuvent être exigés, devant se compenser avec les services que l'acheteur a pu en tirer.

Des fins de non recevoir contre l'action rédhibitoire.

229. Il y a deux fins de non recevoir contre l'action rédhibitoire : l'une résulte de la convention, l'autre du laps de temps.

Lorsque par le contrat de vente, il a été convenu que le vendeur ne serait point garant d'aucun vice de la chose, ou bien qu'il ne serait point garant d'un tel vice, cette convention opère une fin de non recevoir contre l'action rédhibitoire.

230. Si néanmoins l'acheteur pouvait justifier que le vendeur, lors du contrat, n'avait pas un simple doute sur ces vices, mais en avait une parfaite connaissance, comme en ce cas le vendeur aurait été coupable de mauvaise foi, de les avoir dissimulés, l'acheteur serait recevable, nonobstant la convention, à former l'action rédhibitoire ; car si on lui opposait l'exception résultante de la convention, il détruirait cette exception en opposant à son tour la réplication du dol ; c'est la décision de la loi 14, §. 9., ff., *de Ædil. ed.*

231. Il résulte une fin de non recevoir contre

l'action rédhibitoire du laps de temps que l'acheteur a laissé écouler sans l'intenter.

Par le droit romain, l'acheteur avait six mois utiles pour intenter cette action. L'usage de différentes provinces accorde un temps beaucoup plus court. Il faut suivre à cet égard celui du lieu où le contrat s'est passé. Suivant l'usage de ce pays-ci, on n'admet plus l'action rédhibitoire pour les chevaux et les vaches après *quarante jours depuis la tradition.* Mornac, *ad. L.* 19, §. *fin., ff., de Ædil. ed.,* atteste que de son temps elle se prescrivait par le laps de neuf jours; la coutume de Bourbonnais, art. 87, la borne à huit jours.

De l'action quanto minoris.

232. Les vices rédhibitoires ne donnent pas seulement lieu à l'action rhédibitoire, ils donnent aussi lieu à l'action qui est appelée en droit *œstimoria* ou *quanto minoris,* et l'acheteur a le choix de l'une ou de l'autre. Cette action *quanto minoris,* consiste à demander contre le vendeur, qu'il fasse diminution sur le prix de ce qu'on estimera que la chose, par rapport à ce vice, vaut du moins qu'elle n'a été vendue.

Cette action *quanto minoris,* pour raison des vices rédhibitoires, a lieu dans les mêmes cas où l'action rédhibitoire a lieu. Les mêmes fins de non recevoir qui excluent l'action rédhibitoire, excluent aussi celle-ci. Cependant par le droit romain, l'action *quanto minoris* était de plus longue durée, et ne se prescrivait que par un an; mais parmi nous, l'action *quanto minoris*, pour raison des vices rédhibitoires, se prescrit par le même temps que l'action rédhibitoire. (Mornac, au lieu ci-dessus cité.)

Commentaire sur les coutumes du Maine et Anjou, par Louis Olivier de Saint-Vast. T. 4, page 485, sur l'art. 503.

Départemens (MAYENNE, SARTHE et LOIRE).

DES VICES RÉDHIBITOIRES.

Il a été jugé au présidial du Mans, le 27 mars 1691, que l'action rédhibitoire ne se peut intenter passé neuf jours de la livraison. Dans l'espèce, un marchand avait vendu une vache à un autre marchand, le 3 du mois; ce marchand l'avait revendue à un autre le 10 du même mois.

Ce dernier acquéreur fit appeler son vendeur pour être condamné de reprendre sa vache, comme atteinte d'un vice rédhibitoire, et de lui en restituer le prix dans les neuf jours; savoir, le 17 et le 21; le défendeur fit revalider l'exploit à son vendeur, à ce qu'il eût à reprendre la vache; mais il fut jugé non recevable.

Pareille sentence du 7 juin 1697.

Dans ce temps, l'action en garantie pour les vices rédhibitoires ne pouvait être intentée pour les chevaux, bœufs et vaches, etc., que dans les neuf jours; les vices rédhibitoires pour le cheval étaient la morve, la pousse ou la courbature; et pour les bœufs et vaches, le mal caduc et la pommélière, ou maladie du poulmon.

Par arrêt du 14 juin 1721, le parlement avait

prolongé ce délai de neuf jours jusqu'à quarante jours pour les vaches laitières et amouillantes ; mais par autre du 7 septembre 1765, vu les inconvéniens qui en résultaient, il a été décidé qu'on ne pourrait agir en garantie pour vices rédhibitoires, même pour les vaches laitières, après les neuf jours, à moins qu'il n'y eût de la fraude ou du dol personnel du vendeur, qui eût usé de mauvaises voies ou de supercheries pour tromper les acheteurs.

En Normandie, l'action pour les vices rédhibitoires peut être intentée dans les trente jours ; arrêt du parlement de Rouen, du 30 janvier 1728.

L'action rédhibitoire n'a pas lieu pour les vices apparens, ni en troc et en permutation de chevaux, surtout s'il est dit sans garantie.

Jurisprudence consulaire, par Roque, d'Anjou à Angers, chapitre 37.

Département (MAYENNE).

RÉDHIBITOIRES.

N° 3. — Les vices rédhibitoires des chevaux sont : 1° la pousse ; 2° la courbature ; 3° la morve. Ces trois vices se stipulent sans garantie pendant neuf jours, attendu qu'ils ne peuvent être arrêtés par artifice que trois jours ; cette règle est fondée sur le texte de différens auteurs, et est généralement suivie.

On peut non seulement garantir de ces vices et de tous autres pendant neuf jours ; mais encore pour plus long-temps, si l'on est convenu.

En fait de troc ou échange, la garantie de vices rédhibitoires est aussi de droit : s'il y a lieu, de l'argent donné par l'une des parties, et sans argent si cela a été convenu ; les conventions sont susceptibles de conditions.

Il est défendu d'exposer en vente des chevaux morveux, sous peine de tous dommages, intérêts et d'amende.

Et en cas de troc ou échange, quand il n'y aurait aucun recours donné, la garantie ; ce vice étant trop dangereux et se communiquant.

N° 4. Dans tous le ressort du parlement de Paris, la garantie pour les bœufs et vaches est de neuf jours. Arrêt du réglement du 7 septembre 1765 ; les seuls vices garantissables, suivant le préambule de cet arrêt, sont le mal caduc ou haut mal et la pommélière ; mais pour ce dernier vice, on ne peut en décider qu'après la mort de l'animal, par l'ouverture qu'on en fait, dont on doit faire dresser procès-verbal, lequel doit désigner la couleur de l'animal, le lieu où il a été acheté, de qui, de quel jour. Il faut que ce procès-verbal soit fait le jour de la mort de l'animal, s'il est possible ; on doit garder la peau pour la faire reconnaître au vendeur et lui remettre, ainsi que le prix du suif.

Dans ces sortes d'affaires, on considère si on n'a pas fait faire de marches forcées, et s'il n'y point de faute de l'acheteur.

Tous autres vices ne sont point garantissables sans stipulation.

Il serait bien à propos qu'il n'y eût que le haut

mal de garantissable, car il n'est point étonnant qu'un bœuf ou une vache, forcé par la marche, mal nourri et frappé par les toucheurs, ne fût dans 9 jours attaqué de la pommélière. Ce qu'il y a de singulier, c'est que dans tous les procés-verbaux, c'est toujours de la pommélière ou poulmon, intestins pourris, que l'animal est mort ; cela est de style, ce qui cause un préjudice considérable aux laboureurs, et en ruine beaucoup par les frais considérables qui se font, par 4 ou 5 acheteurs en possession desquels ces animaux ont passé, et le laboureur, au lieu de se transporter à 60 ou 80 lieues pour reconnaître la peau de l'animal, préfère payer ; peut-être est-ce un autre animal qui lui ressemble qui est mort. Au consulat de Paris, l'usage est de ne point prononcer de condamnation de dépens dans ces sortes d'affaires : chaque partie supporte les siens, c'est-à-dire que chaque défendeur est condamné seulement aux dépens de son demandeur ou évoquant; ainsi le dernier garant ou premier vendeur n'est jamais vexé.

Les experts que l'on prend en pareil cas sont des paysans chairturiers et autres sans expérience, qui décident des choses sans les connaître.

Les marchands forains ne considèrent point si l'animal est malade ou lassé, si la vache vient de mettre bas son veau, malgré cela ils les forcent de marcher. Si au contraire cette garantie était restreinte à 10 ou 12 lieues de l'endroit où l'animal a été vendu, il ne périrait pas tant de bestiaux, les acheteurs en auraient plus de soin.

Les marchands de probité qui font ce commerce, conviennent de tout ceci, et de beaucoup de fraudes que certaines gens y commettent.

Dans la coutume d'Anjou, on admet l'arrêt du 7 septembre 1765, relativement aux maladies des vaches.

Département (YONNE), province partie de la BOURGOGNE et de la CHAMPAGNE.

COUTUME DE SENS.

Titre **21.** *Des convenances , marchés , ventes , achats , etc. Vices des chevaux vendus quand et desquels le vendeur est tenu.*

Art. 160. Un vendeur de chevaux n'est tenu des vices d'iceux, excepté la morve, pousse ou courbature, sinon qu'il les ait vendus sains et nets ; en ce cas, il est tenu de tous vices apparens et non apparens.

COUTUME DES BAILLIAGES DE SENS ET DE LANGRES.

Commentée et conférée avec les coutumes voisines, et spécialement avec celle de Chaumont-en-Bassigny, par Juste Delaistre.

Art. 160. *Marchand de chevaux garant de trois vices.*

Un vendeur de chevaux n'est tenu de vices de chevaux, excepté de morve, pousse ou courbature, sinon qu'il les ait vendus sains et nets ; car en ce cas il est tenu de tous vices apparens et non apparens.

Auxerre 151. *Bar-le-Duc* 204. *Morve, Pousse et Courbature.*

Parce que ce sont vices latens, et dont on ne peut s'apercevoir qu'après avoir gardé le cheval pendant quelques jours; mais il faut agir contre le vendeur dans les neuf jours de la tradition, suivant l'avis de Brodeau sur l'art. 127 de la coutume de Paris; autrement, on n'y est plus recevable.

S'il ne les a vendus sains.

Si venditor sanum esse dixerit aut promiserit standum est eo quod convenit, L. 14, 19. *ff. Cod.* Ce qui est passé en proverbe, car on dit ordinairement que les marchés sont tels qu'on les fait.

Traité des prescriptions, par Dunod, sur les usages du comté de Bourgogne. 2e *partie, chap.* 11, *p.* 131.

Les actions se réduisent aux ventes de bétail, et particulièrement à l'égard des chevaux, pour trois maladies qui sont réputées cachées, et qui sont la pousse, la morve et la courbature.

COUTUME D'AUXERRE.

Tit. 6, *de contrats et conventions. Vices de chevaux dont est tenu le vendeur.*

Art. 151. Un vendeur de chevaux n'est tenu des vices d'iceux, excepté de morve, pousse ou courbature, sinon qu'il les ait vendus sains et nets ; auquel cas il est tenu de tous vices apparens et non apparens.

Département (MEUSE), province de la LORRAINE.

COUTUME DE BAR.

Titre 14. De convenances et contrats. En vente de chevaux, quels vices est tenu garantir le vendeur.

Art. 204. Vendeur de chevaux n'est tenu d'autre vice que de morve, pousse et courbature, n'était qu'il les eût vendus sains et nets, auquel cas il est tenu de tous vices apparens et non apparens, et ce, dans quarante jours, seulement après la vendition et délivrance.

Département (HAUTE-MARNE).

COUTUME DE CHAUMONT ; BAILLIAGE DE BASSIGNY.

Tit. 9. Des convenances, ventes, achats, etc.

Art. 91. Un vendeur de chevaux n'est tenu de vices, excepté de morve, pousse, corbe, courbature, sinon qu'il les ait vendus sains et nets, auquel cas il est tenu de tous vices, latens et apparens, huit jours après la tradidion.

Département (ALLIER).

COUTUME DU BOURBONNAIS.

Chapitre XII. Contrats de vente et revente, etc. A quoi sont tenus les vendeurs de chevaux.

Art. 87. Un vendeur de chevaux n'est tenu

des vices, excepté de morve, pousse, corbe et courbature, sinon qu'il les ait vendus sains et nets : auquel cas il n'est tenu de tous vices latens et apparens, huit jours après la tradition.

Département (AUBE), province de CHAMPAGNE.

COUTUME DE TROYES, par PITHOU.

Art. 201, cheval rédhibitoire.

Les marchands ne pourront dorénavant faire action en demande ; mais on peut contre le marchand faire action contre un cheval qui se trouve pousseux, morveux, ou courbatu, et est icelui rédhibitoire, par l'usage de Troyes, de dans quarante jours ; et par l'usage de Paris, le cheval vendu ne peut être vieux de pousse, morve, ou courbature, que neuf jours après la vente, et lesdits neuf jours passés, le marchand n'en est tenu, et ne peut être contraint à le reprendre.

Département (MOSELLE).

COUTUME DE METZ ET DU PAYS MESSIN.

Titre IV. Actions personnnelles et hypothécaires.

Art. 3. Cheval vendu sans condition, trouvé entaché de pousse, morve ou courbature, peut être rendu au vendeur de dans quarante jours, et sera tenu icelui de restituer le prix qu'il en a reçu de l'acheteur.

Département (MOSELLE), province de la LORRAINE.

COUTUME DE GORZE.

Titre VII. Marchés et autres conventions, etc.

Art. XVII. Vendeur de chevaux n'est tenu des vices, excepté de pousse, morve ou courbature, si donc il les a vendus sains et nets.

Art. XVIII. Auquel cas le courtier, vendeur ou maquignon seront tenus, jusqu'à huit jours après la tradition, de tous vices latens et apparens.

Art. XIX. Pendant lequel temps, s'il s'en découvre aucun, le vendeur sera obligé de reprendre son cheval vicié, rendre et restituer le prix qu'il en aura touché.

Département (FINISTÈRE).

COUTUMES GÉNÉRALES DE BRETAGNE.

Titre XV. Des appropriantes et des prescriptions.
De rescision de contrat et de chose mobilière.

Art. 295. En contrat de chose mobilière, autre que de transaction de quelque somme que ce soit, on pourra pour juste cause, demander la rescision, en intimant et déclarant à la partie de dans vingt-quatre heures, qu'on ne le veut tenir, et si l'une des partie demandait la rescision pour déception d'autre moitié de juste prix, elle n'y sera reçue au-dessous de cent livres. Et si le contrat excède ladite somme, pourra demander, ou la rescision, ou supplément de juste prix, et n'est tollue la rédhibitoire, et qu'elle ne se puisse intenter, dans quinze jours pour chevaux, et pour autres choses dans six mois.

Département (LANDES).

COUTUMES GÉNÉRALES DE SAINT-SEVER.

Tit. VII. Action rédhibitoire des pourceaux ladres.

Marchand ou autre vendeur de pourceaux, si dans neuf jours après la vente sont trouvés ladres, doit reprendre lesdits pourceaux ladres, et rendre l'argent qu'il en aura eu, s'il n'aime mieux rendre à l'acheteur le tiers du prix.

Département (DORDOGNE).

STATUTS ET COUTUMES DE LA VILLE DE BERGERAC.

Art. CXIII. Si aucun accepte quelque chose que ce soit au marché, ou par les rues publiques de Bergerac, le vendeur sera toujours tenu de la garantie, et si il a vendu un bœuf, il doit le rendre sain *huit jours*, tellement que, si pendant ledit temps il vient à empirer ou être malade, ledit vendeur sera tenu de le reprendre, et il demeurera non accepté ; tout ainsi que s'il avait été accepté pour labourer la terre, et l'acheteur, par huit jours continuels, ne le trouve propre pour cela ; mais si c'est un cheval ou jument, âne ou ânesse, mulet ou mule qui a quelque vice caché, dont le vendeur en faisant ladite vendition n'en fait aucune mention, et le vice se montre dans *quinze jours*, la bête demeurera pour non acceptée, et le vendeur sera tenu de rendre à l'acheteur le prix qu'il en aura eu de lui.

Département (CREUSE).

COUTUME DE POITOU.

Par Boucheul. L. 2, tit. 12, des prescriptions, p. 554 et suivantes, n. 7, 8 et 9. Rédhibition en vente et troc des chevaux.

L'action rédhibitoire est celle par laquelle le vendeur reprend la chose qu'il avait vendue à cause de ses défauts. En vente ou troc de chevaux, il n'y a de garantie ni de rédhibition.

N. 7. En matière de vente et troc de chevaux, il y a une foire dans le Viennois, qu'on appelle la foire de Chorat-Burat, en laquelle il se fait vente et troc de chevaux, et y trompe qui peut, au témoignage de Chorier en sa jurisprudence sur Guypape, liv. 5, sect. 3, art. 23 ; et Basnage a dit sur l'art. 40 de la coutume de Normandie, qu'en hardes et troc de chevaux il n'y a pas de garantie ; ce qu'il faut entendre ainsi qu'il est expliqué en la loi *quæritur* 14, § 9 et 10 au Dig. *de Ædilit. edict.*, quand le vice ou le défaut qui s'y rencontre est apparent, ou quoique caché, s'il a été déclaré lors de la vente ; parce que, comme dit la loi, *ad eos morbos vitiaque pertinere Ædilitium edictum seu redhibitoria quæ quis ignoravit vel ignorare potuit*, et c'est l'effet de l'action rédhibitoire, par laquelle on contraint et on oblige le vendeur de reprendre la chose qu'il avait vendue à cause de ses défauts cachés, et qu'il n'aurait pas déclaré lors de la vente, L. 21 au Dig. *de Ædilit. edict.*, et c'est sur le sujet de ce titre aussi intitulé *de Redhibitoria*.

A lieu quand les défauts sont cachés, comme pousse, morve, courbe et courbature, sinon que le cheval soit sain et net ; quant il est dit que si l'acquéreur ne s'en trouve pas bien il le pourra remettre ; il y a trois vices ou défauts dont l'on est garant en matière de vente ou troc de chevaux, savoir : la pousse, la morve et la courbature. Loisel, en ses Institutes coutumières, liv. 3, tit. 4, art. 16, y ajoute les courbes. Il y en a qui mettent la maladie du tic au nombre des défauts qui donnent lieu à l'action rédhibitoire. M. Cujas en ses observations, liv. 27, chap. 15, en remarque d'autres, quand c'est un cheval qui bronche ordinairement, qui est goutteux, qui mord de temps en temps, et enfin si c'est un cheval lunatique ; mais comme ces défauts et autres semblables peuvent arriver par le fait de l'acquéreur, et qu'on les peut autrement facilement connaître ; il n'y a pour l'ordinaire, et dans l'usage, que les trois premiers, la morve, la pousse et la courbature, que l'on soit tenu de garantir. Les coutumes de Bourbonnais, art. 87, de Sens, art. 160, de Bar, art. 205, d'Auxerre, art. 151, et autres en ont des dispositions expresses, qu'un vendeur de chevaux n'est tenu des vices, excepté de morve, pousse, courbe et courbature, sinon qu'il les ait vendus sains et nets ; auquel cas il est tenu de tous vices latens et cachés ou apparens. Sur quoi V. Mornac sur la loi 1, § *Si intelligatur,* au Dig., *Ædilit. edict...* Rouillard en ses reliefs, *forens.*, chap. 6, et de Ferrière sur la coutume de Paris, en la préface du titre des prescriptions. Nomb. 18. Par la vente ou marché, le vendeur ne vend pas le cheval sain et net, mais il dit : que si l'acquéreur ne s'en trouve pas bien, il le pourra remettre au vendeur. Schotanus, en son Examen de droit, part. 4, liv. 21 des Pandectes, tit. 1, conclut qu'il le peut remettre, quoique le cheval n'ait aucun défaut, pourvu qu'il le fasse dans le temps de l'action rédhibitoire, par la raison de la loi 31, § 221 au Dig. *de Ædilit. edict.*

Il faut venir dans les neuf jours et s'en plaindre.

N° 9. Le droit en la loi 19, § dernier, accorde six mois pour la rédhibition, et ce que cette loi a dit en général, la L. 38 du même titre *de Ædilit. edict.* l'explique à l'égard de la vente des chevaux et autres bêtes. La coutume de Bar, en l'art. 205, donne *quarante jours,* qui est l'usage du parlement de Rouen, et dont Basnage, sur l'art. 40 de la coutume de Normandie, cote des arrêts, des 29 mai 1653 et 6 novembre 1663, qu'il se faut pourvoir dans les *quarante jours :* et au contraire, la coutume de Bourbonnais, en l'art. 87, ne donne que *huit jours,* à compter du jour de la délivrance ; et c'est ce qui s'observe, selon que Mornac l'a remarqué sur ladite loi 19, qu'il faut remettre le cheval dans les *neuf jours,* quelque défaut qu'il ait ; autrement, et après ce temps, il n'y a plus de lieu à la rédhibition, dont Ferrière, au lieu ci-dessus, rapporte un arrêt du 19 juillet 1680, à l'audience de la tournelle civile.

Département (NIÈVRE).

COUTUME DE NIVERNAIS.

Par Coquille, Institutes au droit français. T. 2, des contracts et convenances, p 148.

Un vendeur de chevaux n'est tenu des vices d'iceux, excepté morve, pousse ou courbature, sinon qu'il les ait vendus sains et nets, auquel cas il est tenu des vices apparens et non apparens. Auxerre, art. 151; Bourbonnais, art. 87, et ajoute qu'il est tenu huit jours après la tradition, c'est selon d'anciennes ordonnances de la police de Paris.

Département (NORD).

COUTUME DE CAMBRAI.

Tit. XXI, de rescision de contrats, p. 56, art. 5.

Un vendeur de chevaux n'est tenu à intérêt ou rescission de contrat pour vices, excepté de morve, pousse, dedans quarante jours.

Département (HAUTE-GARONNE), SAONE-ET-LOIRE.

Institutes au droit français, par Serres, sur la coutume de Toulouse, tit. XXIV, § 5, p. 499.

Cite un arrêt du 7 août 1715, rendu en la grande chambre du parlement de Toulouse, par lequel il fut jugé, pour le sieur comte de Vézins, qui avait vendu un mulet au nommé Albrespy, muletier, au prix de 250 francs, que celui-ci n'é-tait pas recevable après trente jours, après cette vente, à la faire rescinder et à demander la restitution de son argent, sous prétexte, disait-il, que le mulet était morveux ; il est vrai que c'était un muletier qui aurait pu connaître mieux qu'un autre la qualité du mulet, et qu'il en avait même fait trois voyages avant de former son action.

Départemens (ALLIER, YONNE).

Institutes coutumières, par Loisel, tome 2, p. 42, de la Vente, tit. IV.

Art. 17. Un vendeur de chevaux n'est tenu de leurs vices, fors de morve, pousse, courbes et courbatures, sinon qu'il les ait vendus sains et nets ; auxquels cas, il est tenu de tous vices, jusqu'après huit jours de la délivrance faite.

Cette règle est tirée de l'art. 259 de la coutume de Sens, et de l'art. 87 de celle de Bourdonnais.

(LOIRET.)

Art. 18. Les langayeurs sont tenus reprendre les porcs qui se trouvent meseaux en la langue, et s'il n'y avait rien en la langue, et néanmoins se trouve mezeaux dans le corps, le vendeur est tenu en rendre le prix, sinon que tout un troupeau fût vendu en gros.

Voyez les articles 425 , 426 et 427 de la coutume d'Orléans , avec le commentaire de La Lande, et l'ancienne coutume de Bourges , entre les anciennes du Berry , publiées par de La Thaumassière, chap. 79, page 275.

Des lois sur la garantie des animaux, ou exposé des cas rédhibitoires qui leur sont relatifs, etc. ; par Chabert et C. M. Fromage de Feugré, 1re, chap. 1er.

GARANTIE DE DROIT POUR TOUTE LA FRANCE.

Dans plusieurs branches de commerce, il se rencontre quelquefois dans les marchandises des défauts que l'acheteur ne peut apercevoir au moment du marché.

Quand ces défauts sont considérables, on a pensé qu'il était juste que le vendeur en fût responsable ou garant; les lois ou les usages sur cette matière constituent la garantie.

Le vendeur est obligé en conséquence, dans le commerce des animaux, de reprendre la chose et d'en rendre le prix ; ce changement est la rédhibition ; le délai fixé pour demander la rédhibition est la durée de la garantie, et les cas sont nommés rédhibitoires.

Un arrêt du conseil d'état, du 16 juillet 1784, art. 7, fait défense à tous marchands de chevaux ou autres, de vendre, etc.

CAS RÉDHIBITOIRES A PARIS.

La jurisprudence parisienne a admis comme

tels, pour le cheval, l'âne et le mulet, la pousse, la morve, la courbature, l'immobilité, la claudication de vieux mal, si l'animal n'était pas boiteux au moment de la vente; le tic non apercevable à l'usure des dents.

Un arrêt du parlement de Paris, du 25 janvier 1781, a ordoncé que le sifflage ou cornage serait désormais au nombre des cas rédhibitoires.

On assure qu'un cheval qui refuserait de se soumettre au service pour lequel il semble propre d'après sa conformation, serait dans le cas d'être rendu au vendeur, à moins que l'acheteur ne l'eût essayé, ou plus encore, qu'il ne l'eût empêché à ce même service.

L'épilepsie ou mal caduc, ou la pommélière, sont rédhibitoires à Paris, pour les vaches seulement, suivant un arrêt du règlement du 14 juin 1721.

Les marchands forains sont garans pendant neuf jours de la mort de leurs bœufs vendus aux bouchers de Paris, suivant l'ordonnance de police du 14 avril 1769.

On prétend que les vaches vendues comme laitières, auxquelles les marchands, pour tromper les acheteurs, auraient laissé détendre les mamelles par le lait, et qui cependant n'en donneraient presque pas, seraient dans le cas de la rédhibition; mais sur plusieurs de ces points on manque de réglemens ou de décisions des tribunaux, que l'on puisse regarder comme règles.

Les statuts de la communauté des charcuitiers de Paris, ont mis, en 1755, tit. 23, art. 4, la ladrerie des porcs au nombre des cas rédhibitoires dont on a parlé; on n'accorde, dit-on, que 24 heures.

Les délais pour former la demande en rédhibition sont à Paris de neuf jours pour.

§ III.

CAS RÉDHIBITOIRES DANS LES JURIDICTIONS AUTRES QUE CELLE DE PARIS.

On ne sait pas précisément quels sont les cas rédhibitoires admis pour les animaux dans la plupart des provinces. Le coutumier général de Richebourg, quoiqu'il renferme des 60 coutumes générales, locales, ne fait mention que de plusieurs coutumes (1). Voici tout ce que nous avons pu rassembler à cet égard.

Un arrêt de réglement, rendu le 3o janvier 1728, par le parlement de Rouen, n'admet pour la Normandie que trois cas rédhibitoires, savoir, la pousse, la morve et la courbature; le cornage ou sifflage y est ajouté depuis l'arrêt de 1781.

En Artois, les cas rédhibitoires sont de même, la morve, la pousse, la courbature; le cornage et sifflage, suivant le réglement du conseil provincial et superieur, du 12 janvier 1785.

(1) Cet ouvrage est cependant encore incomplet; il ne contient pas les coutumes des pays qui depuis ont été réunis à la France.

La ladrerie est rédhibitoire dans l'Orléanais, en Bretagne, etc.

Mais c'est surtout dans la durée de la garantie ou dans les délais accordés pour la rédhibition, que l'on trouve de grandes différences d'une juridiction à l'autre.

Le délai court du jour de la tradition ou livraison, avant ou après midi.

Dans les pays régis par la coutume de Bourbonnais (1), et dans ceux régis par la coutume de Sens (2), la garantie est de 8 jours ; à Genève, elle est aussi de 8 jours.

En Artois, suivant le réglement du conseil provincial du 12 février 1785, pour les moutons, c'est 8 jours.

En Normandie, pour les vaches, suivant un arrêt du 19 juillet 1713, 9 jours.

En Artois, pour les chevaux, 15 jours.

En Bretagne, 15 jours.

En Artois, pour le mal caduc des vaches, 30 jours.

En Normandie, pour les chevaux, suivant l'ar-

(1) Coutume du pays et duché de Bourbonnais, chap. 22:
Art. 87. Un vendeur de chevaux n'est tenu de vices, excepté morves, pousses, corbes et corbatures, sinon qu'il les ait vendus sains et nets, auquel cas il est tenu de tous vices latens et apparens, huit jours après la tradition.

(2) Coutume du bailliage de Sens, titre 21 :
Art. 160. Un vendeur de chevaux n'est tenu des vices d'iceux, excepté de morve, pousse et courbature, sinon qu'il les ait vendus sains et nets, car, en ce cas, il est tenu de tous les vices apparens et non apparens.

rêt du réglement du parlement de Rouen, du 30 janvier 1728, 30 jours.

En Artois, suivant le même réglement de 1785, pour vices de vaches, moutons et porcs qui ne se reconnaissent qu'à l'ouverture, 40 jours.

A Cambrai (1) et à Péronne, 40 jours.

Dans l'Orléanais, suivant Pothier, 40 jours.

A Bar, 40 jours (2).

Le réglement du conseil supérieur provincial d'Artois, dont il a été parlé, porte que, lorsque les vices rédhibitoires ne pourront être constatés dans l'étendue de la province, les délais seront augmentés d'un jour par dix lieues.

La demande en rédhibition doit être faite avant l'expiration du délai; cependant on a vu réussir, à Paris, une affaire dans laquelle l'animal étant éloigné et l'action ne pouvant être formée pendant la durée de la garantie, l'acquéreur, après avoir fait constater dans le délai le

(1) Coutume de Cambrai, titre 21, De rescision de contrats:

Art. 5. Un vendeur de chevaux n'est tenu à intérêts ou rescision de contrat pour vices, excepté de morve et pousse, en dedans 40 jours.

(2) Coutume de Bar, titre 24. De convenances et de contrats :

Art. 204. Vendeur de chevaux n'est tenu d'autres vices que morve, pousse et courbature, n'estait qu'il les eust vendus sains et nets, auquel cas il est tenu de tous vices apparens et non apparens, et ce dedans 40 jours seulement après la vendition et délivrance.

vice par un expert nommé d'office, forma sa demande à son retour.

S'il y a eu déclaration d'un défaut devant témoins, ou que le vendeur en ait par écrit une reconnaissance de l'acheteur, il n'est plus rédhibitoire.

La mort de l'animal ne fait point cesser la faculté de la rédhibition.

Examen du projet du Code civil, sur la garantie des animaux.

Les défauts que le vendeur garantit sont, dit le projet, tit. X, art. LXII, la pousse, la morve, la courbature et la privation de la vue par intervalle, à l'égard des chevaux et autres de cette espèce;

Et l'art. LXIX : L'action résultante des vices rédhibitoires (1648), dit : ce projet, en paraissant fixer un usage général, laisse subsister tous les usages particuliers, tant pour les cas rédhibitoires qu'il laisse à déterminer, que pour la durée, dont il ne parle pas non plus, etc.

Départemens (OISE et SOMME).

Coutume de Picardie par Claude Le Caron, 2ᵉ vol., p. 7, sous l'art. 11, nᵒ 15.

RÉDHIBITOIRE.

Si un animal est vendu, qui se trouve défectif.

Nᵒ 15. Si l'animal vendu est trouvé défectif, *potest agi redhibitoria*, cela a lieu en plusieurs cas, ff., de Ædil. édict., dans ce titre, *quæ dicuntur de mancipio, eadem de animali, si quis clavum* habet vitiosus est; clavum, id est apostema, **pourriture,** claveau, L. *qui clavum*, **12** ff. *de Ædil. edict.*

N° 16. Un temps défini pour se plaindre, après lequel *non datur actio*, les coutumes différentes, *bibere et esse animal hoc ex natura, L. exempto,* **11. §.** *Redhibitoria, ff. de actionib. empti.*

N° 17. *Si bestia deperdita damnum dederit, si dominus inculpa qui eam dimisit aut non custodivit, tenetur.* Chassan, sur la coutume de Bourgogne, tit. *de just.* § 6., *per L. generaliter.* 41 *ff., de Ædilit. edicto.*

N° 18. Si animal sit furens, non tenetur dominus casus fortuitus.

TRADUCTION.

N° 15. Si l'animal vendu est trouvé défectueux on peut user de la clause rédhibitoire; cela a lieu en plusieurs cas. § *des décrets des Ediles*, titre : *Ce qui est dit de l'esclave s'applique aux animaux;* si quelqu'un est atteint du claveau il est vicieux : *Clavum*, id est *apostema*, pourriture, claveau. L. *qui clavum*, 12 ff., des décrets des Ediles.

N° 16. Un temps défini pour se plaindre, après lequel on n'a plus d'action à exercer. Les coutumes différentes, boire et manger, fonctions naturelles à tous les animaux. L. *exempto*, 11. §. cas rédhibitoire, ff., de l'action à exercer relatiment à l'objet acheté.

N° 17. Si la perte d'une bête cause des dommages, si c'est la faute du maître de l'avoir laissé échapper ou de ne pas l'avoir gardée, il en est responsable. *Chassan*, sur la coutume de Bourgogne, titre de *Just.*, § 6 ; *per L. generaliter*, 41 §, des décrets des Ediles.

Nº 18. Si l'animal devient furieux, ce cas fortuit n'oblige point le vendeur à admettre la rédhibition.

Départemens (du CANTAL et PUY-DE-DOME).

COUTUMES GÉNÉRALES ET LOCALES DE LA PROVINCE D'AUVERGNE, PAR CHABROL, tome 2, page 659, *chapitre* 17.

Des prescriptions de l'action rédhibitoire par neuf jours.

La jurisprudence a admis aussi quelques prescriptions particulières qui ne sont pas comprises dans la coutume : telle est celle de l'action rédhibitoire, dont l'effet est de faire reprendre par le vendeur un cheval attaqué de morve, pousse ou courbature : cette action ne dure que neuf jours, et même elle est fixée à huit par la coutume de Bourbonnais, art. 87.

CODE DE CORSE, OU RECUEIL DES ARRÊTS ET RÉGLEMENS PUBLIÉS DANS L'ÎLE DE CORSE, tome II, page 403.

ARRÊT *du conseil du roi, portant réglement pour l'augmentation, la consommation et le commerce des bestiaux en Corse.*

Du 22 juin 1771.

(Extrait des registres du conseil.)

Sur ce qui a été représenté au roi, eu son

conseil, qu'il conviendrait d'établir une règle en Corse, relativement à la consommation qui se fait dans l'île en bestiaux ; que leur trop grande déprédation, eu égard au petit nombre et à la chétive espèce dont elle est aujourd'hui fournie, est devenue et deviendrait encore plus dans la suite un obstacle et une gêne réelle pour l'agriculture, laquelle Sa Majesté doit avoir principalement en vue et considérer comme le plus sûr moyen de faire fructifier cette nouvelle portion de ses états ; Sa Majesté informée d'ailleurs que cet excès de consommation n'a pris sa source que de la circonstance d'un avantage momentané et illusoire, qui engage les propriétaires du gros bétail à s'en défaire et à le vendre pour la boucherie, séduits par l'appât d'un bénéfice apparent, et sans avoir suffisamment réfléchi sur les conséquences qui en résultent au détriment de la culture et du pacage des terres, comme aussi à celui de la multiplication des bestiaux, seule et véritable source de la fertilité et de la richesse d'un pays ; à quoi voulant pourvoir : ouï le rapport et tout considéré, le roi étant en son conseil, a ordonné et ordonne ce qui suit.

Art. Ier.

A compter de la publication du présent réglement dans les différens districts de l'île, il ne sera plus permis, sous quelque prétexte que ce puisse être, ni à quelque personne que ce soit, de faire tuer son bœuf, sa vache ou son veau ; de vendre et débiter, par quelque personne que ce puisse être, la viande en provenant, ni de vendre lesdits bœufs, vaches ou veaux, sur pied aux bouchers pour les tuer ou les distribuer, que préalablement ils n'en aient obtenu la permission des podestats et pères du commun des lieux, lesquels podestats et pères du commun ne pourront eux-même accorder ladite permission que sous les conditions qui seront ci-après expliquées; à peine contre les contrevenans de la confiscation de leurs bestiaux, et de plus grande peine s'il y échet.

Art. II.

Ne pourront pareillement être achetés lesdits bœufs, vaches ou veaux, par qui que ce soit et sous quelque prétexte que ce puisse être, pour les tuer, vendre et débiter, qu'au préalable les acheteurs n'en aient obtenu la permission des podestats et pères du commun des lieux où la vente en sera faite, à peine de confiscation desdits bestiaux s'ils ne justifient de la dite permission, et en outre d'avoir rempli et exécuté les conditions qui seront ci-après prescrites et imposées.

Art. III.

Ne pourront être mis en vente pour la boucherie aucun bœuf ou vache qui n'ait atteint l'âge de dix ans, à moins de la circonstance privée que la garde et conservation desdits animaux pourrait devenir préjudiciable aux propriétaires, par le risque imminent de les perdre.

Art. IV.

Il ne pourra pareillement être vendu pour la boucherie de jeunes bêtes, veaux ou génisses, à moins d'une nécessité prouvée, et pour parer et éviter un plus grand préjudice qui résulterait de la perte entière de l'animal s'il était gardé.

Art. V.

Lorsqu'un particulier voudra tuer ou vendre son bœuf ou sa vache pour la boucherie, parce que ces animaux auront atteint l'âge de dix ans, auquel il sera libre de les vendre pour cet usage, le particulier auquel ils appartiendront sera tenu de faire sa déclaration aux podestats et pères du commun, lesquels nommeront gens prud'hommes et experts pour examiner lesdits bestiaux et leur en faire rapport; et sur ledit rapport, s'il est conforme audit présent réglement, ils en donneront acte audit particulier, lui accorderont permission de tuer, faire tuer, vendre et débiter lesdits animaux; et à cet effet ils feront appliquer sur la fesse desdits bœufs ou vaches, avec un fer chaud, la marque qui aura été destinée pour chaque endroit.

Art. VI.

Si de même, par un cas fortuit de blessure, rupture de membre ou danger imminent de la vie, occasioné par un accident et non pour maladie ou suspicion de maladie, il était jugé raisonnable de plutôt permettre la vente desdits animaux pour la boucherie avant l'âge compétent et déterminé, que de courir le risque d'en faire perdre la valeur entière au propriétaire ; pourront lesdits podestats et pères du commun, accorder ladite permission sur pareils examen et rapport de gens prud'hommes et experts, qui seront tenus de faire déclaration desdits motifs dans leur exposé, et, dans ce cas comme dans le précédent, seront lesdits animaux marqués ; les propriétaires qui les feront tuer, tenus de se munir d'une permission de le faire.

Art. VII.

Les jeunes bêtes ne pourront être mises à la boucherie dans d'autres cas que celui de péril imminent de la vie, et pour obvier au préjudice qui résulterait de leur perte pour le propriétaire, encore faudra-t-il que ledit besoin de les tuer ne soit point fondé sur aucune suspicion ou apparence de maladie suspecte ; ce sur quoi il sera, à la diligence des podestats et pères du commun, pourvu avant d'accorder permission de les tuer, vendre et débiter, et ce, sur le rapport et l'examen qu'ils en auront fait faire ; et dans ce seul cas ils consentiront à faire marquer lesdits animaux ; et au défaut de quoi ils ne pourraient être mis en vente, ni achetés, ni tués, ni débités, qu'en contravention et sous les peines portées ci-dessus.

Art. VIII.

Lorsqu'un particulier voudra vendre son bœuf, sa vache ou son veau, pour le travail ou pour le commerce, et non pour la boucherie, il en fera sa déclaration aux podestats et pères du commun du lieu qu'il habitera, ou dans lequel il tient son troupeau, ensemble de celui ou celle à qui il l'aura vendu, et l'acheteur sera pareillement tenu de faire aux podestats et pères du commun du lieu de sa résidence, sa déclaration de l'acquisition desdits animaux, en sorte que l'on puisse dans tous les cas les vérifier et constater la transmission de propriété et l'existence perpétuée de l'animal dont la conservation est prescrite par le présent réglement.

Art. IX.

Pour assurer d'autant plus l'exécution des réglemens ci-dessus, tout particulier possédant ou ayant en louage, ou seulement en garde, des bestiaux, sera tenu de faire aux podestats et pères du commun du lieu où habiteront lesdits bestiaux, sa déclaration du nombre et de l'espèce des animaux qu'il aura en propre ou à louage, ou qui seront à sa garde, de leur âge et sexe ; et à tous les changemens, soit par augmentation, soit par diminution, de quelque manière qu'elle ait lieu ; ils seront pareillement tenus d'en faire mention par-devant lesdits podestats et pères du commun, et d'en retirer certificat pour leur décharge, notamment dans le cas de mort accidentelle, pour ne point être recherchés sur la diminution du troupeau.

Art. X.

Lorsqu'un particulier aura vendu son bœuf, sa vache ou son veau, dans le cas permis par le présent réglement, et qu'il en aura fait déclaration aux podestats et pères du commun, l'acheteur, s'il est du même lieu et qui voudra tuer, vendre et débiter ledit animal dont la vente aura été permise, n'aura besoin que de la même déclaration à laquelle il interviendra; mais s'il était d'un autre lieu, et que l'animal dût être tué dans un autre pays, indépendamment de la marque de permis de tuer, dont l'animal devra être empreint, devra encore ledit acheteur faire la déclaration de son achat au lieu de son domicile, produire le certificat de la permission de tuer; il sera loisible aux podestats et pères du commun dudit lieu de faire de nouveau examiner lesdits animaux, et de vérifier si la permission de tuer a été légitimement obtenue.

Art. XI.

La prohibition de tuer les bœufs et vaches au-dessous de dix ans, et les veaux et jeunes bêtes à tout âge, ne s'étendra que sur les animaux nés dans l'île. A l'égard de ceux provenant de l'étranger et que le commerce aura introduits en Corse, il sera libre de les tuer à tout âge; mais ceux qui les ayant fait venir seront dans le cas de les tuer ou de les vendre pour être tués, devront au lieu de l'arrivée desdits bestiaux et au moment de leur débarquement, en faire déclaration aux bureaux des douanes, et les y faire marquer de la marque prescrite pour justifier que ces animaux sont de production étrangère, et se munir d'un certificat de ladite déclaration pour le transmettre à l'acheteur; lequel certificat, au besoin, pourra être coupé en autant de portions qu'il y aura de bétail séparément vendu.

Art. XII.

Se précautionneront ceux qui feront venir des bestiaux de l'étranger, comme ceux qui les achèteront, que les marques desdits bestiaux soient suffisamment empreintes pour qu'elles ne puissent s'effacer; et si le cas arrivait, lesdits bestiaux seront réputés être de population Corse, et suivront le sort des bestiaux de l'île pour tous les articles du présent réglement.

Art. XIII.

Toutes les marques desdits bestiaux, tant dans les ports, douanes et bureaux d'entrées, que dans l'étendue des districts des podestats et pères du commun des communautés, se feront gratis, sans aucun salaire ni rétribution que celle pour la peine de celui qui apposera la marque, et la dépense du charbon pour la chauffer; se délivreront de même gratis, tous certificats de vente et de permission de tuer, à la seule réserve du papier timbré sur lequel ils devront être délivrés, et dont le prix devra être remboursé à celui qui donnera le certificat.

Art. XIV.

Du jour de la publication du présent, et jusqu'à ce qu'il plaise à Sa Majesté d'en ordonner autrement, il ne sera permis d'embarquer, extraire ni faire sortir de l'île, aucun bœuf, vache ni

veau, de quelque âge que ce soient ces animaux,
et pour quelque destination que ce soit, même
pour France, soit pour les tuer, soit simplement
pour le commerce, à peine par les contrevenans
d'être condamnés en cent livres d'amende par
chaque tête de bétail, outre la confiscation.

Art. XV.

Et pour favoriser particulièrement l'introduction dans l'île du gros bétail venant de l'étranger
et de tout autre endroit que des ports de France,
veut Sa Majesté, que dans ceux de l'île par lesquels lesdits bestiaux pourront être introduits,
sur le connaissement qui justifiera du lieu de
la traite, et sur le procès-verbal et certificats
des podestats et pères du commun ou officiers
de l'amirauté ou juges des lieux, il soit, par les
préposés et receveurs pour Sa Majesté, dans les
bureaux desdits ports, payés aux propriétaires
dudit bétail, six livres pour chaque bœuf ou
vache de l'âge de trois ans et au-dessus, trois
livres pour chaque veau ou génisse au-dessus
d'un an, et vingt sols pour chaque veau ou génisse au-dessous d'un an.

XVI.

Fait Sa Majesté très-expresses inhibitions et
défenses à toutes personnes, de quelque qualité
et condition qu'elles soient, même à ses officiers
de justice, de police et de ses troupes, de forcer
et contraindre aucun particulier, par quelque
voie et sous quelque prétexte que ce puisse être,
de vendre son bœuf, sa vache ou son veau,

même quand lesdits bœufs et vaches auraient l'âge ci-dessus prescrit pour la vente et la liberté, de les mettre à la boucherie, et quand bien même ce serait pour le service des villes, des hôpitaux et des troupes de Sa Majesté ; à peine contre les contrevenans de mille livres d'amende et de plus grande peine s'il y échet, même de privation de leur emploi. N'entend néanmoins Sa Majesté, comprendre dans la présente défense le commandant en chef pour elle dans l'île et l'intendant commissaire départi de son conseil, auxquels Sa Majesté donne la faculté de déroger au présent réglement, pour les cas de nécessité et conjointement seulement ; attribuant audit sieur intendant, pour raison de tout ce que ci-dessus, toute cour, juridiction et connaissance, qu'elle interdit à toutes ses cours et autres juges, sauf l'appel en son conseil. Fait au conseil d'état du roi, Sa Majesté y étant, tenu à Versailles, le vingt-deux juin mil sept cent soixante-onze. Signé Monteynard.

CODE DE CORSE, OU RECUEIL DES ARRÊTS ET RÉGLEMENS PUBLIÉS DANS L'ÎLE DE CORSE, tome IV, page 617.

ARRÊT *du Conseil supérieur de l'île de Corse, portant réglement pour les achats de bestiaux, cuirs et peaux.*

(Extrait des registres du greffe du Conseil supérieur de l'île de Corse.)

Du 15 octobre 1778.

Vu par le Conseil supérieur l'arrêt par lui

rendu le dix mars dernier, par lequel procédant au jugement de l'appel *à minimâ* du procureur-général du roi et des appellations interjetées par Dominique Vareschi et Balthasard Gavi, d'une sentence rendue en la justice royale de Bastia, le dix février précédent, sur le procès criminel instruit en ladite justice royale, à la requête du substitut du procureur-général du roi contre lesdits Vareschi et Gavi, MM. Stephanini et Roussel, conseillers, ont été nommés commissaires à l'effet d'examiner le réglement proposé relativement aux achats des bestiaux, cuirs et peaux; les conclusions du procureur-général du roi, ouï le rapport desdits MM. Stephanini et Roussel, tout considéré,

Le Conseil supérieur a arrêté le réglement qui suit, savoir :

Article Ier.

Défenses sont faites à toutes personnes, de quelque qualité et condition qu'elles soient, notamment aux bouchers et autres vendant viande, d'acheter bœufs, vaches, cochons, moutons et autres bestiaux, sans se faire préalablement représenter et remettre le certificat du podestat, ou de l'un des pères du commun du village dont les bestiaux seront provenus.

Art. II.

Ce certificat contiendra les noms et surnoms, qualités et domicile de celui qui en sera porteur, ensemble de ceux à qui les bestiaux appartiendront, et qui auront donné commission de les mener en vente.

Art. III.

Ledit certificat contiendra de plus le signalement desdits bestiaux et la mention des signes naturels qu'ils auront, et de la marque particulière dont chaque communauté doit marquer les bestiaux.

Art. IV.

Ledit certificat sera muni du cachet de la communauté, bien empreint.

Art. V.

Ledit cachet et ladite marque resteront entre les mains du podestat de chaque communauté, et, en son absence, en celles de l'un des pères du commun; défenses à eux de les laisser à la disposition de qui que ce soit, sous peine d'amende et de telle autre peine qu'il appartiendra, suivant l'exigence des cas, et de répondre en leur propre et privé nom, des dommages-intérêts des parties.

Art. VI.

Les bouchers et toutes autres personnes seront tenus de conserver soigneusement les certificats sur lesquels ils auront acheté des bestiaux, pour représenter lesdits certificats toutes les fois et quand ils en seront requis, sous peine, en cas de contravention au présent article et aux dispositions de l'article premier, de vingt-cinq livres d'amende et d'être poursuivis et punis, le cas échéant, suivant la rigueur des ordonnances, comme recéleurs de bestiaux volés.

Art. VII.

Dans quinze jours, à compter du jour de la publication du présent réglement, tous les bouchers ou autres personnes vendant viande, seront tenus de se faire une marque particulière à chacun d'eux; ils feront dans le même délai la déclaration et l'empreinte de ladite marque au greffe des justices royales des lieux où ils seront domiciliés; ils apposeront ladite marque à chaque cuir ou peau qu'ils retireront des animaux qu'ils auront tués ou fait tuer, sous peine de vingt-cinq livres d'amende pour chaque cuir ou peau trouvé chez eux ou vendu par eux, sans être munis de ladite marque.

Art. VIII.

Celui qui est ci-dessus ordonné relativement à l'achat des bœufs, vaches, moutons et autres bestiaux, aura lieu à l'égard des cuirs et peaux; en conséquence, défenses sont faites aux tanneurs et autres personnes faisant commerce de cuirs et peaux, d'en acheter aucun des bouchers qu'il ne soit marqué de la marque du boucher qui les leur proposera; défenses leur sont également faites d'acheter aucun cuir ni peau d'aucun bourgeois et particulier, sinon sur la représentation d'un certificat donné dans la forme ci-dessus prescrite par les articles 2, 3 et 4 du présent réglement, par le podestat ou l'un des pères du commun du lieu d'où proviendront lesdits cuirs et peaux, lequel certificat lesdits tanneurs et autres faisant commerce de cuirs, seront tenus de conserver soigneusement pour les représenter toutes fois et quand ils en seront requis, sous peine de vingt-cinq livres d'amende pour chaque cuir ou peaux achetés en contravention aux dispositions du présent article, et d'être en outre poursuivis et punis, le cas échéant, suivant la rigueur des ordonnances, comme recéleurs de cuirs ou peaux volés.

Art. IX.

Les podestats et pères du commun tiendront un état exact de tous les certificats qu'ils donneront jour par jour; en conséquence de ce qui est ci-dessus prescrit pour la vente tant des bestiaux que des cuirs, lequel état sera conservé au greffe de chaque communauté pour y avoir recours en cas de besoin.

Ordonne que le présent réglement sera imprimé, tant en français qu'en italien, lu, publié et affiché dans toutes les villes, villages et communautés du ressort; enjoint aux podestats et pères du commun de s'y conformer, et aux substituts du procureur-général du roi ès-justices royales du ressort, de tenir la main à l'exécution d'icelui. Fait au Conseil supérieur à Bastia, le 15 octobre 1778. Collationné, signé Seguin, greffier en chef.

ACTIONS RÉDHIBITOIRES ET JURISPRUDENCE DANS LE ROYAUME.

La fonction des édiles, parmi les Romains,

était de veiller à la police ; ils faisaient des édits en cette matière, et c'est de leurs édits que sont venues les actions rédhibitoires. L'on pensait qu'il était de la bonne police, de secourir celui qui avait acheté une chose vicieuse, sans en avoir pu connaître le défaut, et il avait deux actions : l'un pour obliger le vendeur à reprendre la chose et à lui rendre le prix ; c'est l'action rédhibitoire : l'autre pour se faire rendre ce qu'elle valait de moins, que si elle n'avait pas de défaut ; l'on appelait celle-ci *estimatoria quanti minoris* ; elles avaient lieu toutes deux dans la vente de toutes sortes de marchandises.

Il fallait pour donner lieu à l'action rédhibitoire, que le vice empêchât l'usage de la chose achetée, en sorte qu'il parût que l'acheteur n'en eût pas fait l'emplette, s'il en eût connu le défaut. Quant aux vendeurs, il n'importait pas qu'il l'eût su ou non : l'action rédhibitoire avait également lieu contre lui en l'un et l'autre cas ; avec cette différence, néanmoins, que lorsqu'il avait su ce défaut, il était non seulement obligé de reprendre la chose vendue ; mais encore de payer le dommage qu'elle avait causé ; comme s'il avait vendu du bétail malade, qui eût infecté celui de l'acheteur.

L'action *quanti minoris* avait lieu, quand il était vraisemblable que l'acheteur aurait acquis, quoiqu'il eût connu le défaut, comme il arrive, quand la chose a un vice qui ne la met pas hors d'usage, et qui diminue seulement la valeur.

On peut exercer l'une ou l'autre de ces actions

à son choix, lorsque le vendeur a promis quelque perfection, ou garanti de quelque défaut, et que l'acheteur y a été trompé; il faut au reste pour y donner lieu, que le vice ait été caché, tel que l'acheteur n'ait pas pu s'en apercevoir, lorsqu'il n'y a point eu de garantie promise.

Le vendeur doit déclarer les vices cachés; on peut convenir, que si la chose ne plaît pas à l'acheteur, le vendeur sera obligé de la reprendre.

Ces actions se réduisent aux ventes de bétail et particulièrement à l'égard des chevaux, pour trois maladies qui sont réputées cachées, et qui sont la pousse, la morve et la courbature. La coutume de Bretagne donne quinze jours pour exercer l'action rédhibitoire en ce cas, et six mois pour d'autres choses; en Normandie, cette action dure trente jours pour les chevaux; la coutume de Bar en donne quarante; elle n'en dure que neuf dans le ressort du parlement de Paris, et la coutume de Bourbonnais porte qu'un vendeur de chevaux n'est tenu des vices, excepté de morve, pousse et courbe, sinon qu'il les ait vendus sains et nets, auquel cas, il est tenu de tous vices latens et apparens huit jours après la tradition.

Cette coutume est remarquable, parce que l'usage presque universel y est conforme, sauf pour le temps qui est plus long en quelques endroits. Il faut donc conclure, que le vendeur d'un cheval qui ne l'a pas garanti sain et net, ne doit la garantie d'aucun vice caché, sauf les trois dont on a parlé, mais que s'il l'a garanti sain et net, il doit le garantir de tous vices cachés, pendant le temps déterminé par l'usage des lieux, ou par le droit; et qu'on a contre lui, a cette occasion, les actions rédhibitoires ou *quanti minoris*, suivant les circonstances.

En Normandie, la rédhibition pour les vices latens des moutons, des porcs et des vaches, dure neuf jours.

Le bétail qui meurt dans les trois jours après la vente, est censé mourir d'une maladie qu'il avait déjà auparavant; néanmoins, comme les maladies du bétail sont quelquefois subites, et le font mourir en peu de temps, il est plus sûr de faire ouvrir l'animal et de le faire visiter par des experts, pour que l'espèce de la maladie dont il est mort soit certaine, et que l'on puisse juger du temps auquel elle a commencé, plus sûrement que par une présomption qui trompe dans plusieurs cas.

On a toujours vu pratiquer, que l'acheteur qui veut user de cette action fait ouvrir et visiter l'animal par experts, après avoir requis le vendeur d'y être présent, et d'y amener des experts de sa part; ou qu'il prouve par témoins, que l'animal était déjà malade lorsqu'on le lui a vendu, et qu'il n'a pu le connaître.

OBSERVATIONS SUR LES COUTUMES DE FRANCE.

La coutume générale est faite pour servir de loi dans toute une province. Quelques coutumes sont intitulées, coutumes générales, et cela par opposition aux coutumes locales ou particulières de certaines villes ou cantons, qui sont insérées à la suite des coutumes générales.

Les coutumes locales ou particulières, sont celles qui ne font loi que dans l'étendue d'une juridiction ou dans une seule ville, bourg ou canton, à la différence des coutumes générales, qui font loi pour toute une province ; il y a un grand nombre de coutumes locales dans le royaume, qui ne sont que des exceptions à la loi générale du pays ; ainsi ce qu'elles n'ont pas prévu doit être décidé par la coutume générale ou l'on doit suivre le droit écrit.

Les coutumes non écrites, sont des usages qui n'ont point encore été rédigés par écrit ; toutes les coutumes étaient autrefois de cette espèce ; présentement elles sont la plupart écrites : il reste néanmoins dans certaines provinces quelques usages non écrits.

Lorsqu'il se trouve un cas non prévu par les coutumes, la difficulté est de savoir à quelle loi on doit avoir recours, si c'est aux coutumes voisines ou à celle de Paris.

Quelques-uns veulent que l'on défère cet honneur à la coutume de Paris, comme étant la principale coutume du royaume ; mais quoique ce soit une des mieux rédigées ; elle n'a pas non plus tout prévu, et elle na pas plus d'autorité que les autres hors de son territoire.

Il faut distinguer les matières dont il peut être question et suppléer de même ce qui manque dans l'une par la disposition d'une autre, soit la coutume de Paris ou quelques autres plus voisines, en s'attachant principalement à celles qui ont le plus de rapport ensemble, et qui paraissent avoir le même esprit; ou s'il ne s'en trouve point qui ait un rapport plus particulier qu'une autre, en ce cas il faut voir quel est l'esprit général du droit coutumier sur la question qui se présente.

Les coutumes sont en général réelles, c'est-à-dire que leurs dispositions ne s'étendent point hors de leur territoire, leur effet n'a d'autorité que sur celles qui leur sont soumises.

Lorsque plusieurs coutumes paraissent être en concurrence, et qu'il s'agit de savoir laquelle on doit suivre, il faut distinguer si l'objet est réel.

Les formalités extérieures des actes se règlent par la loi du lieu où ils ont été passés.

COMMENT LES COUTUMES SE PRESCRIVENT.

La coutume est le plus ancien de tous les droits positifs; elle a précédé partout la loi écrite, et son empire est d'autant plus doux et plus agréable aux peuples, qu'ils se la donnent librement et volontairement, au lieu qu'ils reçoivent la loi écrite d'une autorité supérieure qui ne les consulte pas.

Quelque attention qu'on ait eu à dresser les lois et les coutumes, il n'est pas possible qu'elles pourvoient à tous les cas, ni qu'elles s'expliquent si clairement, qu'elles ne puissent être différemment interprétées, avec des raisons plausibles de part et d'autre; s'il se présente des cas nouveaux ou douteux, les juges prononcent sur les affaires suivant leurs lumières et qu'il leur paraît plus juste et plus conforme à la raison, les cours supérieures y rendent quelquefois des arrêts, et leur autorité peut s'étendre jusqu'à les déterminer pour toujours, et ces arrêts ont force de loi, ceux qu'elles rendent quand il y en a plusieurs sur une même question, et qu'il n'y en a pas de contraires dans le même tribunal, forment une jurisprudence dont on ne doit pas s'écarter sans de grandes raisons; le bien public demande que l'on s'y tienne, parce qu'il vaut mieux avoir des régles quoiqu'imparfaites que de n'en point avoir du tout ; la variation des jugemens est un des plus grands défauts de la jurisprudence, et un véritable mal dans la société, car elle fait que l'on ne sait plus à quoi se fixer, et multiplie les procès à l'infini, l'on doit donc l'éviter autant qu'il est possible, et préférer la chose jugée uniformément plusieurs fois, à moins qu'elle n'emporte quelque absurdité, qu'elle ne blesse les grandes règles, ou qu'il ne soit arrivé quelque changement général et notable, qui fournisse un juste motif à changer de jurisprudence.

Quand la coutume est écrite, elle conserve son autorité comme la loi, qui est toujours publique ; la coutume et la loi ne peuvent être abrogées que par une nouvelle loi.

CHAPITRE II.

—

Tableau

Des départemens et sous-préfectures de la France, des provinces
anciennes dont ils sont formés, la nature des vices rédhibitoires
des animaux, avec la dénomination de chacun, et les délais dans
lesquels l'action doit être intentée, suivant les usages des lieux.

DÉPARTEMENS, SOUS-PRÉFECTURES ou arrondissemens communaux compris dans chacun.	PROVINCES ANCIENNES dont ils sont formés.
1. AIN. Bourg, préfecture; Belley, Gex, Nantua, Trévoux.	Bresse, Bugey, pays de Gex, principauté de Dombes.
2. AISNE. Laon, préf.; Château-Thierry, Saint-Quentin, Soissons, Vervins.	Laonnais, Soissonnais, Noyonnais, Thiérache, Vermandois et Picardie.
3. ALLIER. Moulins, préf.; Gannat, la Palisse, Montluçon.	Bourbonnais et partie du Nivernais.
4. ALPES (BASSES). Digne, préfect.; Barcelonnette, Castellane, Forcalquier, Sisteron.	Provence.
5. ALPES (HAUTES). Gap, préf.; Embrun, Briançon.	Dauphiné et Provence.
6. ARDÈCHE. Privas, préf.; l'Argentière, Tournon.	Vivarais et partie du Languedoc.
7. ARDENNES. Mézières, préf.; Rocroi, Rethel, Sedan, Vouziers.	Hainaut, Champagne, Picardie, principauté de Sedan.

NATURE des vices rédhibitoires.	DÉLAIS dans lesquels l'action doit être intentée.
1. Chevaux (la morve, la pousse, la courbature). Bœufs ou vaches (l'épilepsie).	9 *jours* par l'usage et suivant les coutumes d'Auxerre, tit. 6, art. 151. 9 *jours*, coutume de Sens, tit. 21, art. 160. 9 *jours* de la vente et livraison. Voir les coutumes et les arrêts indiq. au n. 72.
2. Même dénomination de bestiaux et indication de vices qu'au n° 72. V. le département de la Seine.	
3. Chevaux (morve, pousse, courbe et courbature).	8 *jours* après la tradition, coutume de Bourbonnais, chap. 12, art. 87.
4. Chevaux (morve, pousse, courbature). Moutons (néblade ou jastade, espèce de pourriture).	9 *jours* par l'usage. 3 *mois*.
5. Chevaux (morve, pousse, courbature). (Fluxion périodique et la claudication). Porcs (la ladrerie).	9 *jours*, usage du pays. 40 *jours*, usage du pays. 24 *heures*.
6. Chevaux (morve, pousse, courbat. et la fluxion périodique). Moutons (tournis, gaminge). Porcs (la ladrerie).	40 *jours* par l'usage du pays. 40 *jours* pour le gaminge, et 15 *jours* pour le tournis. Au moment de la vente et livraison.
7. Chevaux (morve, pousse, corbe, courbature).	8 *jours* après la tradition, coutume de Chaumont, bailliage de Bassigny, titre 9, art. 91.

DÉPARTEMENS, SOUS-PRÉFECTURES ou arrondissemens communaux compris dans chacun.	PROVINCES ANCIENNES dont ils sont formés.
8. ARRIÈGE. Foix, préf.; Pamiers, Saint-Girons.	Principauté de Foix, Conserans et principauté du Languedoc.
9. AUBE. Troyes, préf.; Arcis-sur-Aube, Bar-sur-Aube, Bar-sur-Seine, Nogent-sur-Seine.	Partie de Champagne et de Bourgogne.
10. AUDE. Carcassonne, préf.; Castelnaudary, Narbonne.	Languedoc et subdivision de cette province.
11. AVEYRON. Rhodez, préf.; Espalion, Milhau, Saint-Affrique, Villefranche.	Rouergue.
12. BOUCHES-DU-RHONE. Marseille, préf.; Aix, Arles.	Provence.
13. CALVADOS. Caen, préfecture; Bayeux, Falaise, Lisieux, Pont-l'Evêque, Vire.	Partie de la basse Normandie.

NATURE des vices rédhibitoires.	DÉLAIS dans lesquels l'action doit être intentée.
8. Chevaux (morve, pousse, et fluxion périodique). Bœufs ou vaches (la toux, l'épilepsie et renversement de la matrice).	40 *jours* par l'usage du pays.
9. Chevaux (morve, pousse, courbature).	*Ibid.* 40 *jours* de la vente, coutume de Troyes par Pithou, art. 201.
10. Chevaux (pousse, morve, courbat. et la fluxion périodique). Moutons (tournis, gaminge). Porcs (la ladrerie).	40 *jours* d'usage, délais du pays. 40 *jours* pour gaminge, et 15 *jours* pour tournis. Au moment de la livraison.
11. La dénomination des animaux et l'indication des vices rédhibitoires ne sont point indiqués par la coutume.	Suivre la jurisprudence du pays pour les vices admis et les délais prescrits.
12. Chevaux (morve, pousse et courbature). Moutons (néblade ou jastade, espèce de pourriture).	9 *jours* par l'usage. 5 *mois.*
13. Même dénomination de bestiaux, et indication de vices, qu'au n. 75. Voir le département de la Seine-Inférieure. Il faut ajouter aux chevaux le sifflage et le cornage.	30 *jours* pour les chevaux, 9 jours pour les autres bestiaux. V. les arrêts cités au n. 75. Arrêts du parlement de Paris du 25 janvier 1781.

DÉPARTEMENS, SOUS-PRÉFECTURES ou arrondissemens communaux compris dans chacun.	PROVINCES ANCIENNES dont ils sont formés.
14. CANTAL. Aurillac, préf.; Mauriac, Murat, Saint-Flour.	Auvergne.
15. CHARENTE. Angoulême, préf.; Barbezieux, Cognac, Confolens, Ruffec.	Angoumois, Saintonge, Poitou, Marche.
16. CHARENTE-INFÉRIEURE. La Rochelle, préf.; Jonsac, Marennes, Rochefort, Saintes, Saint-Jean-d'Angely.	Saintonge, Aunis, Poitou.
17. CHER. Bourges, préf.; Saint-Amand, Sancerre.	Berri, Bourbonnais.
18. CORRÈZE. Tulle, préf.; Brive, Ussel.	Limousin.
19. CORSE. Ajaccio, préf., Bastia, Calvi, Corte, Sartenne.	
20. COTE-D'OR. Dijon, préf.; Beaune, Châtillon-sur-Seine, Semur.	Bourgogne.
21. COTES-DU-NORD, Saint-Brieuc, préf.; Dinan, Guingamp, Lannion, Loudéac.	Haute Bretagne.

NATURE des vices rédhibitoires.	DÉLAIS dans lesquels l'action doit être intentée.
14. Chevaux (morve, pousse, courbature, sifflage et cornage). Vaches (la pommelière).	9 *jours* de la vente, coutume d'Auvergne, par Chabrol.
15. La coutume du pays n'indique point les vices rédhibitoires.	Suivre la jurisprudence de l'endroit sur les vices admis et les détails à observer.
16. Même observation.	Même observation.
17. Chevaux (morve, pousse et courbature). Bœufs ou vaches (le fait). Moutons (la gale). Porcs (la piau et le tat).	9 *jours*, usage du pays, même délai que celui de la Seine, n. 72.
18. Même observation qu'au n. 15.	Pour les vices des animaux et les délais des actions, suivre la jurisprudence des endroits.
19. Ibid.	Ibid.
20. Chevaux (morve, pousse et courbature).	9 *jours*, usage de Paris, et suivant la cout. d'Auxerre, tit. 6, art. 151. Autre de Sens, tit. 21, art. 160. Arrêt du parlement de Dijon, du 9 juin 1665. 15 *jours* pour les chevaux.
21. Même dénomination de bestiaux, et indication de vices. V. n. 28. Département du Finistère.	6 *mois* pour autres choses.

DÉPARTEMENS, SOUS-PRÉFECTURES ou arrondissemens communaux compris dans chacun.	PROVINCES ANCIENNES dont ils sont formés.
22. CREUSE. Guéret, préf.; Aubusson, Bourganeuf, Boussac.	Poitou, Marche, Bourbonnais, Limousin, Berri.
23. DORDOGNE. Périgueux, préf; Bergerac, Nontron, Riberac, Sarlac.	Périgord, Agenois, Limousin, Angoumois.
24. DOUBS. Besançon, préfect.; Beaume, Montbéliard, Pontarlier.	Franche-Comté, principauté de Montbéliard.
25. DROME. Valence, préf.; Dié, Montélimar, Nyons.	Dauphiné, Provence.
26. EURE. Evreux, préf.; les Andelys, Bernay, Louviers, Pont-Audemer.	Normandie, comté d'Evreux, Perche.
27. EURE-ET-LOIR. Chartres, préf.; Châteaudun, Dreux, Nogent-le-Rotrou.	Beauce et Orléanais.

NATURE des vices rédhibitoires.	DÉLAIS dans lesquels l'action doit être intentée.
22. Chevaux (la morve, la pousse, courbe, courbature). Bœufs ou vaches (la pommelière et le pissement de sang).	9 *jours*, coutume de Poitou, par Boucheul, tit. 12, n. 7, 8 et 9. 9 *jours*, usage.
23. Chevaux, ânes et mulets (vices cachés). Bœufs (vices cachés et maladies).	15 *jours* de la vente, par les statuts et coutume de la ville de Bergerac, art. 115. 8 *jours* de la tradition.
24. Chevaux (morve, pousse, courbature). Bœufs ou vaches (l'épilepsie, la pommelière, l'étranquillon et le pissement de sang).	40 *jours*, usage. 40 *jours* pour le pissement de sang ; le faire constater dans les 8 *jours*.
25. Chevaux (morve, pousse et courbature). Porcs (la ladrerie).	9 *jours* par l'usage. 24 *heures*.
26. Même dénomination de bestiaux et indication qu'au n. 75. (V. le département de la Seine-Inférieure).	30 *jours* pour les chevaux. 9 *jours* pour les autres bestiaux. V. les arrêts cités au n. 75.
27. Chevaux, ânes et mulets (morve, pousse et courbature). Vaches (le mal caduc et la pommelière). Porcs (la ladrerie).	40 *jours* après la tradition, sur la coutume d'Orléans. Pothier, tit. 19, chap. 3, § 5. 40 *jours*. Coutume d'Orléans, chap. 19, art. 425, 426, 427, ne fixe pas de délais.

5*

DÉPARTEMENS, SOUS-PRÉFECTURES ou arrondissemens communaux compris dans chacun.	PROVINCES ANCIENNES dont ils sont formés.
28. FINISTÈRE. Quimper, préf. ; Brest, Châteaulin, Morlaix, Quimperlé.	Bretagne.
29. GARD. Nîmes, préf.; Alais, Uzès, le Vigan.	Languedoc.
30. GARONNE (HAUTE). Toulouse, préf.; Muret, Saint-Gaudens, Villefranche.	Languedoc, Gascogne.
31. GERS. Auch, préf. ; Condom, Lectoure, Lombez, Mirande.	Gascogne.
32. GIRONDE. Bordeaux, préf.; Bazas, Blaye, Lesparre, Libourne, la Réole.	Guyenne.
33. HÉRAULT. Montpellier, préf.; Béziers, Lodève, Saint-Pons.	Languedoc.

NATURE des vices rédhibitoires.	DÉLAIS dans lesquels l'action doit être intentée.
28. Chevaux, la morve, la pousse, la courbature et le farcin).	15 *jours*, coutume de Bretagne, art. 295, tit. 15.
Porcs (la ladrerie ou meselerie.	6 *mois;* pour autres choses, ibid.
29. La coutume du pays n'indique pas les vices rédhibitoires.	Suivre la jurisprudence de l'endroit sur les vices et les délais à observer.
30. Chevaux (morve, pousse, courbat. et la fluxion périodique).	40 *jours*, délai d'usage.
Mulets (morve).	30 *jours*, arrêt de Toulouse du 7 août 1715, rapporté par Serres.
Moutons (tournis, gaminge).	30 *jours* pour gaminge, et 15 *jours* pour tournis.
Cochons (la ladrerie).	Au moment de la livraison.
31. Même dénomination de bestiaux et indication de vices qu'au n. 8. V. département (Arriège). Ajouter en plus le tic aux chevaux, le pissement de sang aux vaches et aux bœufs.	40 *jours* par l'usage du pays.
32. Même observation qu'au n. 29.	Suivre la jurisprudence de l'endroit sur les vices et les délais à observer.
33. Chevaux (morve, pousse, courbature et fluxion périodique.	40 *jours*, délai d'usage. V. n. 30. (Haute-Garonne).
Moutons (tournis, gaminge).	40 *jours* pour gaminge, et 15 *jours* pour le tournis.
Cochons (la ladrerie).	Au moment de la livraison.

DÉPARTEMENS, SOUS-PRÉFECTURES ou arrondissemens communaux compris dans chacun.	PROVINCES ANCIENNES dont ils sont formés.
34. ILLE-ET-VILAINE. Rennes, préf. ; Fougères, Montfort, Redon, Saint-Malo, Vitré.	Bretagne.
35. INDRE. Châteauroux, préf.; Issoudun, la Châtre, le Blanc.	Berri et Orléanais.
36. INDRE-ET-LOIRE. Tours, pr.; Chinon, Loches.	Touraine, Orléanais, Anjou, Poitou.
37. ISÈRE. Grenoble, préf.; Saint-Marcelin, la Tour-du-Pin, Vienne.	Dauphiné.
38. JURA. Lons-le-Saunier, préf.; Dole, Poligny, Saint-Claude.	Franche-Comté.
39. LANDES. Mont-de-Marsan, préf.; Saint-Sever, Dax.	Guyenne, Landes.
40. LOIR-ET-CHER. Blois, préf.; Romorantin, Vendôme.	Orléanais, le Blaisois, Pays chartrain.

NATURE des vices rédhibitoires.	DÉLAIS dans lesquels l'action doit être intentée.
34. Même dénomination de bestiaux et indication de vices qu'au n. 28. Départ. du Finistère.	15 *jours* pour les chevaux.
35. Même dénomination de bestiaux et indication de vices qu'au n. 17. Département, Indre.	6 *mois* pour autres choses. 9 *jours*, usage du pays, même délai que celui de la Seine, n. 72.
36. Les vices ne sont point indiqués par la coutume.	Suivre l'usage du lieu sur la jurisprudence, les vices rédhibitoires et les actions dans les délais usités.
37. Chevaux (morve, pousse et courbature). Porcs (la ladrerie).	9 *jours*, usage. 24 *heures*, usage.
38. Chevaux (morve, pousse, courbature). Bœufs ou vaches (l'épilepsie, la pommelière, l'étranguillon, le pissement de sang.	40 *jours*, usage. 40 *jours* pour le pissement de sang; le faire constater dans les 8 *jours*.
39. Chevaux (morve, pousse et fluxion périodique). Porcs (la ladrerie).	40 *jours* par l'usage du pays. 9 *jours* après la vente, coutume générale de Saint-Sever, tit. 7. 40 *jours*.
40. Même dénomination de bestiaux et indication de vices qu'au n. 27. Départ. Eure-et-Loir.	V. les art. cités au n. 27.

DÉPARTEMENS, SOUS-PRÉFECTURES ou arrondissemens communaux compris dans chacun.	PROVINCES ANCIENNES dont ils sont formés.
41. LOIRE. Montbrison, préf.; Roanne, Saint-Etienne.	Forez, partie du Beaujolais.
42. LOIRE (HAUTE). Le Puy, préf.; Brioude, Issengeaux.	Velay, Auvergne, Gévaudan, Vivarais, Forez.
43. LOIRE-INFÉRIEURE. Nantes, préf.; Ancenis, Châteaubriant, Paimbœuf, Savenay.	Bretagne.
44. LOIRET. Orléans, préf.; Gien, Montargis, Pithiviers.	Orléanais.
45. LOT. Cahors, préf. ; Figeac, Gourdon.	Quercy.
46. LOT - ET - GARONNE. Agen, préf.; Marmande, Nérac, Villeneuve-d'Agen.	Agenois , Guyenne , Gascogne.
47. LOZÈRE. Mende, préf.; Florac, Marvejols.	Bas Languedoc, Gévaudan.

NATURE des vices rédhibitoires.	DÉLAIS dans lesquels l'action doit être intentée.
41. Chevaux (morve, pousse et courbature).	9 *jours*, cout. du Maine et Anjou, par Olivier de Saint-Vast; arrêts du Mans, 27 mars 1691, 16 juin 1697.
Bœufs ou vaches (le mal caduc et la pomme-lière).	9 *jours*, jurisprudence par Rogue; arrêt du 7 septembre 1765.
42. Chevaux (morve, pousse, courbat. et la fluxion périodique).	40 *jours*, délai d'usage.
Moutons (le tournis et gaminge).	40 *jours* pour le gaminge, 15 *jours* pour le tournis.
Porcs (la ladrerie).	Au moment de la livraison.
43. Même dénomination de bestiaux et indication de vices qu'au n. 28.	15 *jours* pour les chevaux.
V. le département du Finistère.	6 *mois* pour autres choses.
44. Même dénomination de bestiaux et indication de vices qu'au n. 27.	40 *jours*.
Départ. Eure-et-Loir.	V. les art. cités au n. 27.
45. Même observation qu'au n. 36.	V. n. 36.
46. Ibid.	Ibid.
47. Chevaux (morve, pousse, courbat. et la fluxion périodique).	40 *jours*, délais d'usage.
Moutons (le tournis et gaminge).	40 *jours* pour le gaminge, 15 *jours* pour le tournis.
Porcs (la ladrerie).	Au moment de la livraison.

DÉPARTEMENS, SOUS-PRÉFECTURES ou arrondissemens communaux compris dans chacun.	PROVINCES ANCIENNES dont ils sont formés.
48. MAINE-ET-LOIRE. Angers, préf.; Baugé. Beaupréau, Saumur, Segré.	Anjou.
49. MANCHE. Saint-Lô, préf.; Cherbourg, Coutances, Valognes, Avranches, Mortain.	Normandie.
50. MARNE. Châlons, préf.; Epernay, Reims, métropole; Sainte-Mehehould, Vitry-le-Français.	Champagne.
51. MARNE (HAUTE). Chaumont, préf.; Langres, Vassy.	Champagne et partie de Bourgogne.
52. MAYENNE. Laval, préf.; Château-Gonthier, Mayenne.	Maine et Anjou.
53. MEURTHE. Nancy, préf.; Château-Salins, Lunéville, Sarrebourg, Toul.	Partie de la Lorraine et des Trois-Evêchés.
54. MEUSE. Bar-le-Duc, préf.; Commercy, Montmédy, Verdun.	Partie de la Lorraine et des Trois-Evêchés.

NATURE des vices rédhibitoires.	DÉLAIS dans lesquels l'action doit être intentée.
48. Même dénomination de bestiaux et indication de vices qu'au n. 41. V. département, Loire.	9 *jours*.
49. Même dénomination de bestiaux et indication de vices qu'au n. 75. Voir le département de la Seine-Inférieure.	V. les art. cités au n. 41. 30 *jours* pour les chevaux. 9 *jours* pour les autres bestiaux. V. les art. cités au n. 75.
50. Chevaux (morve, pousse, corbe, courbature).	8 *jours* après la tradition, coutume de Chaumont, bailliage de Bassigny, tit. 9, art. 91.
51. Chevaux (morve, pousse, corbe, courbature).	8 *jours* après la tradition, coutume de Chaumont, bailliage de Bassigny, tit. 9, art. 91.
52. Chevaux (morve, pousse, courbature). Bœufs ou vaches (mal caduc et la pommelière). Moutons (le tournis).	9 *jours*, commentaire sur les coutumes du Maine et Anjou, par Olivier de Saint-Vast; arrêt du Mans du 27 mars 1691, 7 juin 1697, et 7 septembre 1765, et la jurisprudence par Rogue. 9 *jours* par l'usage.
53. Chevaux (morve, pousse et courbature).	40 *jours* après la vente et délivrance, coutume de Bar, tit. 14, art. 204.
54. Chevaux (morve, pousse et courbature).	40 *jours* après la vente et délivrance, coutume de Bar, tit. 14, art. 204.

DÉPARTEMENS, SOUS-PRÉFECTURES ou arrondissemens communaux compris dans chacun.	PROVINCES ANCIENNES dont ils sont formés.
55. MORBIHAN. Vannes, préf. ; Lorient, Ploermel, Pontivy.	Basse Bretagne.
56. MOSELLE. Metz, préf.; Briey, Thionville, Sarreguemines.	Partie de la Lorraine et des Trois-Evêchés.
57. NIÉVRE. Nevers, préf. ; Château-Chinon , Clamecy, Cosne.	Nivernais, Orléanais, Gatinais.
58. NORD. Lille, préf., Dunkerque, Hazebrouck, Douai, Cambrai, Avesnes, Valenciennes.	Hainaut français, Flandre française, Cambresis.
59. OISE. Beauvais, préf.; Clermont, Compiègne, Senlis.	Partie de l'Ile-de-France et de la Picardie.
60. ORNE. Alençon, préf.; Argentan, Domfront, Mortagne.	Partie de la Normandie et du Perche.

NATURE des vices rédhibitoires.	DÉLAIS dans lesquels l'action doit étre intentée.
55. **Même** dénomination de bestiaux et indication de vices qu'au n. 28. **V.** départ. du Finistère.	15 *jours* pour les chevaux.
56. Chevaux (morve, pousse, courbature).	6 *mois* pour autres choses. 40 *jours*, coutume de Metz et du pays Messin, tit. 4, art. 5. 8 *jours* après la tradition, coutume de Gorze, province de la Lorraine, tit. 7, art. 17, 18 et 19.
57. Chevaux (morve, pousse, courbature).	8 *jours* après la tradition, coutume de Nivernais, par Coquille, tome 2, p. 148.
58. Chevaux (morve, pousse, courbature).	40 *jours*, coutume de Cambrai, tit. 21, art. 5.
59. **Même** dénomination de bestiaux et indication de vices qu'au n. 72. **V.** départ. de la Seine.	9 *jours*. V. les coutumes et les arrêts indiqués au n. 72.
60. Même dénomination de bestiaux et indication de vices qu'au n. 75. Voir le département de la Seine-Inférieure.	30 *jours* pour les chevaux, 9 *jours* pour les autres bestiaux. V. les arrêts cités au n. 75.

DÉPARTEMENS, SOUS-PRÉFECTURES ou arrondissemens communaux compris dans chacun.	PROVINCES ANCIENNES dont ils sont formés.
61. PAS-DE-CALAIS. Arras, préf.; Béthune, Boulogne, Montreuil, Saint-Omer, Saint-Pol.	Artois, Basse Picardie.
62. PUY-DE-DOME. Clermont-Ferrand, préf.: Ambert, Issoire, Riom, Thiers.	Partie de l'Auvergne et du Velay.
63. PYRÉNÉES (BASSES). Pau, préf.; Bayonne, Mauléon, Oleron, Orthès.	Béarn, Navarre.
64. PYRÉNÉES (HAUTES). Tarbes, préf.; Argelès, Bagnères.	Bigorre, les Quatre-Vallées.
65. PYRÉNÉES-ORIENTALES. Perpignan, pr.; Ceret, Prades.	Roussillon, Cerdagne et partie du Languedoc.
66. RHIN (BAS). Strasbourg, pr.; Saverne, Schelestadt, Weissembourg.	Basse Alsace et partie du Palatinat.
67. RHIN (HAUT). Colmar, préf.; Altkirch, Béfort.	Haute Alsace et principautés de Porentruy et de Montbéliard.

NATURE des vices rédhihitoires.	DÉLAIS dans lesquels l'action doit être intentée.
61. Chevaux (morve, pousse, courbature et sifflage).	15 *jours*, règlement du conseil provincial du 12 janvier 1785.
Vaches (mal caduc).	30 *jours*.
Moutons.	8 *jours*, règlement du 12 février 1785.
Porcs, moutons et vaches.	40 *jours* pour vices qui ne se reconnaissent qu'à l'ouverture, même règlement du 12 février.
62. Même dénomination de bestiaux et indication de vices qu'au n. 14. Département, Cantal.	9 *jours* de la vente par l'usage du pays et la coutume d'Auvergne, par Chabrol.
63. Chevaux (morve, pousse, courbat., lunatique.)	9 *jours* de la tradition, suivant l'usage, et 40 *jours* pour le tour de lune.
64. Chevaux (morve, pousse, courbature).	40 *jours*; il n'y en a que 9 pour la pousse.
Fluxion périodique.	30 *jours*.
Bœufs ou vaches (l'épilepsie, le pissement de sang et l'autée).	40 *jours* pour l'épilepsie, 9 *jours* pour le pissement de sang, 4 *mois* pour l'autée (espèce de pourriture).
Moutons (l'amorédat et le tournis).	5 *mois*, le tout suivant l'usage.
65. Chevaux (morve, pousse et fluxion périodique).	40 *jours*, délai d'usage.
66. Pareille observation qu'au n. 46.	Pareille observation qu'au n. 46.
67. Ibid.	Ibid.

DÉPARTEMENS, SOUS-PRÉFECTURES ou arrondissemens communaux compris dans chacun.	PROVINCES ANCIENNES dont ils sont formés.
68. RHONE. Lyon, préf.; Ville-franche.	Lyonnais, Beaujolais.
69. SAONE (HAUTE). Vesoul, préf.; Gray, Lure.	Franche-Comté.
70. SAONE-ET-LOIRE. Mâcon, préf.; Autun, Châlons-sur-Saône, Charolles, Louhans.	Bourgogne et partie du Mâconnais.
71. SARTHE. Le Mans, préf.; la Flèche, Mamers, Saint-Calais.	Maine.
72. SEINE. Paris, préf.; Saint-Denis, Sceaux.	Ile-de-France.

NATURE des vices rédhibitoires.	DÉLAIS dans lesquels l'action doit être intentée.
68. Chevaux (morve, pousse, courbature, sifflage et cornage).	9 *jours* par l'usage, coutume du Maine et Anjou, par Olivier de Saint-Vast. Voyez n. 41, admis par l'arrêt du parlement de Paris du 25 janvier 1781.
69. Chevaux (morve, pousse). Bœufs ou vaches (l'épilepsie, la pommelière, l'étranguillon, le pissement de sang).	40 *jours*, usage. 40 *jours* pour le pissement de sang; le faire constater dans les 8 *jours*.
70. Chevaux (morve, pousse et courbature).	9 *jours*, usage de Paris et suivant la cout. d'Auxerre, tit. 6, art. 151; autre de Sens, tit. 21, art. 160.
71. Chevaux (morve, pousse et courbature). Bœufs ou vaches (le mal caduc et la pommelière).	9 *jours*. V. les arrêts et la jurisprudence cités au n. 52. (Mayenne).
72. Chevaux, ânes et mulets (pousse, morve, courbature, sifflage et cornage, la claudication).	9 *jours*, de la vente et livraison (Bourjon, droit commun de la France et de la coutume de Paris, et la Coutume de Paris par Ferrière, arrêt du grand conseil, 16 juin 1713; autre du 25 janvier 1781.
Bœufs ou vaches (le mal caduc et la pommelière). Moutons (le claveau). Porcs (la ladrerie).	9 *jours*, arrêts du parlement, 13 juillet 1699, 14 juin 1721, 7 septembre 1765. 9 *jours*. Au moment de la vente et livraison, en les faisant langueyer.

DÉPARTEMENS, SOUS-PRÉFECTURES ou arrondissemens communaux compris dans chacun.	PROVINCES ANCIENNES dont ils sont formés.
73. SEINE-ET-MARNE. Melun, préf.; Coulommiers, Fontainebleau, Meaux, Provins.	Ile-de-France.
74. SEINE-ET-OISE. Versailles, préf.; Corbeil, Etampes, Mantes, Rambouillet, Pontoise.	Ile-de-France.
75. SEINE-INFÉRIEURE. Rouen, préf.; Dieppe, le Havre, Neuchâtel, Yvetot.	Normandie.
76. SÈVRES (DEUX). Niort, préf.; Bressuire, Melle, Parthenay.	Partie du Poitou et de la Saintonge.
77. SOMME. Amiens, préf.; Abbeville, Doulens, Mont-Didier, Péronne.	Partie de la Picardie.
78. TARN. Alby, préf.; Castres, Gaillac, Lavaur.	Haut Languedoc, Albigeois.

NATURE des vices rédhibitoires.	DÉLAIS dans lesquels l'action doit être intentée.
73. Même dénomination de bestiaux et indication de vices qu'au n. 72.	Même délai à observer.
74. Même observation qu'aux n. 72 et 73.	Ibid.
75. Chevaux (morve, pousse et courbature).	30 *jours*, arrêt du parlement de Rouen, du 30 janvier 1728.
Bœufs et vaches (la rage, le mal caduc et la pommelière).	9 *jours*, ibid., du 28 février 1721. 9 *jours*, ibid., du 19 juillet 1713.
Moutons (le claveau).	9 *jours*, coutume de Normandie, par Basnage, sous l'art. 40.
Porcs (la ladrerie).	Au moment de la vente et livraison en les faisant languever. V. la jurisprudence de Normandie, par F. Laust, et la coutume ci-dessus.
76. Pareille observation qu'au n. 66.	Pareille observation qu'au n. 66.
77. Ibid.	Ibid.
78. Chevaux (morve, pousse, courbat. et la fluxion périodique).	40 *jours*, délai d'usage.
Moutons (gaminge et tournis).	40 *jours* pour le gaminge, et 15 *jours* pour le tournis.
Porcs (la ladrerie).	Au moment de la livraison.

6

DÉPARTEMENS, SOUS-PRÉFECTURES ou arrondissemens communaux compris dans chacun.	PROVINCES ANCIENNES dont ils sont formés.
79. TARN-ET-GARONNE. Montauban, préf.; Castel-Sarrasin, Moissac.	Quercy, Rouergue, et partie du Languedoc.
80. VAR. Draguignan, préf.; Brignolles, Grasse, Toulon.	Basse Provence.
81. VAUCLUSE. Avignon, préf.; Apt, Carpentras, Orange.	Comtat Venaissin, principauté d'Orange, et partie de la Provence.
82. VENDÉE. Bourbon - Vendée, préf.; Fontenay, les Sables.	Bas Poitou.
83. VIENNE. Poitiers, préf.; Chatellerault, Civray, Loudun, Montmorillon.	Haut Poitou, partie de la Touraine et du Berri.
84. VIENNE (HAUTE). Limoges, préf.; Bellac, Rochechouart, Saint-Yriex.	Limousin, partie du Poitou et du Berri.
85. VOSGES. Epinal, préf.; Mirecourt, Remiremont, Saint-Diez.	Lorraine.

NATURE des vices rédhibitoires.	DÉLAIS dans lesquels l'action doit être intentée.
79. La dénomination des animaux et l'indication des vices rédhibitoires ne sont point indiqués par la coutume.	Suivre la jurisprudence du pays pour les vices admis et les délais prescrits.
80. Chevaux (morve, pousse, courbature).	9 *jours* par l'usage.
Moutons (néblade ou jastade, espèce de pourriture).	3 *mois.*
81. Chevaux (morve, pousse et courbature).	40 *jours* par l'usage.
Vaches (mal caduc et la pommelière).	40 *jours*, arrêt du parlement de Paris du 14 juin 1721.
Moutons (néblade ou jastade).	3 *mois.*
82. La dénomination des animaux et l'indication des vices rédhibitoires ne sont point indiqués par la coutume.	Suivre la jurisprudence du pays pour les vices admis et les délais prescrits.
83. Ibid.	Ibid.
84. Chevaux (pousse, morve, courbe et courbature.	9 *jours*, coutume de Poitou, par Boucheul, tit. 12, n. 7, 8 et 9.
Bœufs ou vaches (la pommelière et le pissement de sang).	9 *jours*, usage.
85. Chevaux (morve, pousse et courbature).	40 *jours* après la vente et délivrance, coutume de Bar, tit. 14, art. 204.

DÉPARTEMENS, SOUS-PRÉFECTURES ou arrondissemens communaux compris dans chacun.	PROVINCES ANCIENNES dont ils sont formés.
86. YONNE. Auxerre, préf. ; Avalon, Joigny, Sens, Tonnerre.	Partie de la Bourgogne et de la Champagne.

NATURE des vices rédhibitoires.	DÉLAIS dans lesquels l'action doit être intentée.
86. Chevaux (morve, pousse, courbature).	9 *jours*, usage de Paris, et suivant les coutumes d'Auxerre, tit. 6, art. 151 ; Sens, tit. 21, art. 160, ibid., commentée par *Just.* Delaistre, et suivant le *Traité des Prescriptions*, par Dunod, sur les usages du comté de Bourgogne.

CHAPITRE III.

Quels sont les vices réputés vices rédhibitoires, à défaut d'usages et de réglemens.

Le Code civil ne désignant pas nominativement les vices rédhibitoires et renvoyant aux usages et réglemens anciens qui peuvent exister en cette partie, on doit regarder généralement comme vices rédhibitoires :

1° Pour tous les animaux, la rage, le charbon, les fièvres malignes et pestilentielles, la péripneumonie, l'épilepsie ou mal caduc, la gale, la dyssenterie, et généralement toute maladie épidémique et contagieuse dont un animal peut être atteint au moment de la vente.

2° Pour les chevaux spécialement, les mulets et ânes : la morve, la pousse, le charbon, le farcin, la phthisie pulmonaire, la courbature ancienne, le cornage ou sifflage, la catalepsie ou immobilité, le mal lunatique ou amaurose ou vertigo, la claudication ou boiterie de vieux mal, le tic accompagné de déperdition de salive, éparvin.

3° Pour les bêtes à cornes : la pommelière ou hydropisie de poitrine, le mal caduc, le tournoiement ou vertigo, la pannetière ou (vieille courbature (1).

(1) Quand une vache heurte et se rue sur ceux qui en approchent, et quand elle a pris l'habitude de se téter elle-même.

4° Pour les bêtes à laine, le claveau ou la clavelée, l'hydropisie ou cachexie, le mal caduc, le tournis, la pourriture.

5° Pour les porcs, la ladrerie ou mesellerie, le charbon ou soye.

La cécité, absolue ou partielle, la méchanceté, le défaut de mordre ou de ruer, sont des vices capitaux sans doute, mais qui ne sont pas néanmoins mis au rang des cas rédhibitoires, parce qu'il est possible de s'assurer de leur existence en essayant l'animal avant de l'acheter.

Lorsqu'un animal est attaqué des vices rédhibitoires, il y a lieu à la nullité du marché.

Le délai pour intenter l'action ne commence à courir que du jour où l'animal a été vendu et livré à l'acheteur; c'est dès ce moment qu'il est en sa possession à ses périls et risques.

Si le vendeur demeure dans une autre contrée, où l'usage accorde un délai différent de celui en usage dans le lieu du domicile de l'acheteur, on estime qu'en cette matière on ne doit considérer que le délai en usage dans le lieu où le marché a été conclu; les parties sont de plein droit réputées avoir entendu contracter conformément à la règle en vigueur dans ce même lieu.

Dans le projet du Code civil, dont l'art. 62, sur la vente, on rangeait au nombre des vices rédhibitoires la pousse, la morve, la courbature et la privation de la vue par intervalle, à l'égard des chevaux et autres de cette espèce; le tout néanmoins suivant les circonstances et les usages des lieux.

Le 18 juillet 1829, le tribunal de commerce de la Seine a décidé que la défectuosité particulière aux chevaux, connue sous la dénomination de la vieille claudication à froid, était un vice rédhibitoire, tout aussi bien que la **pousse**, la courbature et la morve.

Néanmoins, on ne doit admettre que les cas rédhibitoires reconnus par les usages des lieux.

DEUXIÈME PARTIE.

—

CHAPITRE IV.

De la vente et de la garantie des vices rédhibitoires, conformément aux articles du Code civil, avec des annotations
d'arrêts de jurisprudence et observations sur la garantie.

La vente est une convention par laquelle l'un
s'oblige à livrer une chose, et l'autre à la payer.

Elle peut être faite par acte authentique, ou
sous seing privé. (Art. 1582. Code civil.)

Elle est parfaite entre les parties, et la propriété est acquise de droit à l'acheteur, à l'é-
gard du vendeur, dès qu'on est convenu de la
chose et du prix, quoique la chose n'ait pas encore été livrée, ni le prix payé. (Art. 1583. *Ibid.*)

La vente peut être faite purement et simplement, ou sous une condition soit suspensive,
soit résolutoire.

Elle peut aussi avoir pour objet deux ou plusieurs choses alternatives.

Dans tous ces cas, son effet est réglé par les
principes généraux des conventions. (Art. 1584.
Ibid.

La vente faite à l'essai est toujours présumée
faite sous une condition suspensive. (Art. 1588.
Ibid.)

Promesses de ventes et arrhes.

La promesse de vente vaut vente , lorsqu'il y a consentement réciproque des deux parties sur la chose et le prix. (Art. 1589. Code civil.)

Si la promesse de vendre a été faite avec des arrhes , chacun des contractans est maître de s'en départir ,

Celui qui les a données, en les perdant;

Et celui qui les a reçues, en restituant le double. (Art. 1590. *Ibid.*) (1) (2).

Prix de vente.

Le prix de la vente doit être déterminé et désigné par les parties. (Art. 1591. Code civil.)

(1) Les arrhes peuvent être données et reçues entre un acheteur et un vendeur, soit qu'il y ait vente , soit qu'il y ait seulement promesse de vente ; mais il y a cette différence, que si elles sont données au cas de vente elles sont considérées comme un à-compte sur le prix, et qu'il n'est pas permis de se départir de la vente, soit en renonçant aux arrhes, soit en restituant le double. (Code civil 1590.)

(Tribunal de commerce de Strasbourg du 15 mai 1811. Confirmé par arrêt de la Cour du même lieu, le 13 mai 1813. Sirey, t. 15, 2e partie, p. 10.)

(Il existe un arrêt analogue, du 15 janvier 1813, de la même Cour.)

(2) La vente avec arrhes , lorsqu'il y a vente arrêtée de l'aveu des contractans, l'acheteur ne peut s'en départir en abandonnant ce qu'il a donné d'arrhes. (Colmar, 13 mai 1813, Journal du Palais, t. 43, p. 124.)

Il peut cependant être laissé à l'arbitrage d'un tiers : si le tiers ne veut ou ne peut faire l'estimation, il n'y a point de vente. (Art. 1592. *Ibid.*)

Les frais d'actes et autres accessoires à la vente sont à la charge de l'acheteur. (Art. 1593. *Ibid.*)

Qui peut acheter ou vendre.

Tous ceux auxquels la loi ne l'interdit pas, peuvent acheter ou vendre. (Art. 1594. C. civ.) (1).

Des choses qui peuvent être vendues.

Tout ce qui est dans le commerce peut être vendu, lorsque les lois particulières n'en ont pas prohibé l'aliénation. (Art. 1598. *Ibid.*)

La vente de la chose d'autrui est nulle : elle peut donner lieu à des dommages - intérêts, lorsque l'acheteur a ignoré que la chose fût à autrui. (Art. 1599. *Ibid.*) (2).

Si, au moment de la vente, la chose vendue était périe en totalité, la vente serait nulle.

Si une partie seulement de la chose est périe, il est au choix de l'acquéreur d'abandonner la

______

(1) Les mineurs, les interdits, les femmes mariées, qui sont sous puissance d'autrui, ne peuvent acheter ni vendre seuls. (1124 du Code civil.)

(2) L'article 1599 du Code civil, qui déclare nul la vente de la chose d'autrui, s'applique à l'échange, encore que l'échange soit entièrement consommé par la livraison respective et la prise de possession de tous les biens échangés. Cour royale de Poitiers, du 16 avril 1823. (Sirey, t. 25, 2e part., p. 321.)

vente, ou de demander la partie conservée, en faisant déterminer le prix par la ventilation. (Art. 1601. *Ibid.*) (1).

Des obligations du vendeur.

Le vendeur est tenu d'expliquer clairement ce à quoi il s'oblige.

Tout pacte obscur ou ambigu s'interprète contre le vendeur. (Art. 1602. Code civil.)

Il a deux obligations principales, celle de délivrer, et celle de garantir la chose qu'il **vend**. (Art. 1603. *Ibid.*)

De la délivrance des objets vendus.

La délivrance est le transport de la chose vendue en la puissance et possession de l'acheteur. (Art. 1604. Code civil.)

Les frais de la délivrance sont à la charge **du** vendeur, et ceux de l'enlèvement à la charge **de** l'acheteur, s'il n'y a eu stipulation **contraire**. (Art. 1608. *Ibid.*)

La délivrance doit se faire au lieu où était, au temps de la vente, la chose qui en fait l'objet, s'il n'en a été autrement convenu. Art. (1609. *Ibid.*)

Droits et actions du défaut de délivrance.

Si le vendeur manque à faire la délivrance

---

(1) Estimation proportionnelle de prix qui se fait d'une chose quelconque, eu égard au prix de sa totalité.

dans le temps convenu entre les parties, l'acquéreur pourra, à son choix, demander la résolution de la vente, ou sa mise en possession, si le retard ne vient que du fait du vendeur. (Art. 1610. *Ibid.*)

Dans tous les cas, le vendeur doit être condamné aux dommages-intérêts, s'il résulte un préjudice pour l'acquéreur, du défaut de délivrance au terme convenu. (Art. 1611. *Ibid.*)

Circonstances où le vendeur peut refuser la délivrance.

Le vendeur n'est pas tenu de délivrer la chose si l'acheteur n'en paie pas le prix, et que le vendeur ne lui ait pas accordé un délai pour le paiement. (Art. 1612. Code civil.)

Il ne sera pas non plus obligé à la délivrance, quand même il aurait accordé un délai pour le paiement, si, depuis la vente, l'acheteur est tombé en faillite ou en état de déconfiture, en sorte que le vendeur se trouve en danger imminent de perdre le prix, à moins que l'acheteur ne lui donne caution de payer au terme. (Art. 1613. *Ibid.*)

DE LA GARANTIE.

§ 1er.

La garantie que le vendeur doit à l'acquéreur a deux objets : le premier est la possession paisible de la chose vendue ; le second, les défauts cachés de cette chose, ou les vices rédhibitoires. (Art. 1625. Code civil.)

§ II.

De la garantie des défauts de la chose vendue.

Le vendeur est tenu de la garantie, à raison des défauts cachés de la chose vendue, qui la rendent impropre à l'usage auquel on la destine, ou qui diminuent tellement cet usage, que l'acheteur ne l'aurait pas acquise, ou n'en aurait donné qu'un moindre prix, s'il les avait connus. (Art. 1641. Code civil.) (1, 2, 3, 4, 5).

(1) L'action rédhibitoire, ouverte par cet article, s'applique aux ventes d'immeubles comme aux ventes de meubles. Lyon, 5 août 1824; Sirey, t. 24, 2e partie, p. 365.

(2) Les lois du Code civil sur les conventions s'appliquent aux matières commerciales, lorsqu'il s'agit du principe et de l'essence même des conventions faites entre négocians; ainsi les articles 1641 et 1644, concernant la garantie des défauts de la chose vendue, s'appliquent aux ventes des choses commerciales. (Cour royale de Rouen; Sirey, t. 7, 2e partie, p. 885.)

(3) Les articles du Code civil concernant les défauts de la chose vendue s'appliquent aux ventes commerciales. (Ibid., 11 décembre 1806; Journal du Palais, t. 17, p. 188.)

(4) En matière de commerce comme en matière civile, le juge de l'action principale est le juge de l'action en garantie. (Cour royale de Rouen, 30 août 1813; Sirey, t. 16, 2e part., p. 101.)

(5) La délivrance d'une quantité de marchandises moindre que celles vendues, ne constitue pas un vice caché dans le sens de l'article 1641 du Code civil, donnant lieu à garantie de la part du vendeur. Si donc l'acquéreur a reçu les marchandises sans en vérifier la quantité, il ne peut plus

Le vendeur n'est pas tenu des vices apparens, et dont l'acheteur a pu se convaincre lui-même. (Art. 1642. *Ibid.*)

Il est tenu des vices cachés, quand même il ne les aurait pas connus, à moins que dans ce cas il n'ait stipulé qu'il ne sera obligé à aucune garantie. (Art. 1643. *Ibid.*)

Dans le cas des articles 1641 et 1643, l'acheteur a le choix de rendre la chose et de se faire restituer le prix, ou de garder la chose et de se faire rendre une partie du prix, telle qu'elle sera arbitrée par experts. (Art. 1644. *Ibid.*)

Si le vendeur connaissait les vices de la chose, il est tenu, outre la restitution du prix qu'il en a reçu, de tous les dommages et intérêts envers l'acheteur. (Art. 1645. *Ibid.*)

Si le vendeur ignorait les vices de la chose, il ne sera tenu qu'à la restitution du prix, et à

recourir contre le vendeur, vainement il invoquerait l'usage où serait le commerce de ne pas vérifier l'espèce de marchandise dont il s'agit. (Cour royale de Bordeaux, du 25 avril 1828, rapporté aux arrêts de Sirey, t. 28, 2e partie, p. 238. Voir aussi t. 7, 2, 10.)

La *Gazette* du 14 avril 1836 rapporte qu'un vendeur de grains destinés à être semés, peut être attaqué par l'action rédhibitoire, si les grains jetés en terre n'ont pas levé.

Le tribunal de première instance de Paris, par son jugement du 12 avril, a condamné le grainetier par le considérant qu'il est établi que l'avoine était de mauvaise qualité, et qu'il ignorait le vice ; il n'a été condamné qu'à la restitution du prix de l'avoine ; appel : la Cour royale, adoptant les motifs des premiers juges, a confirmé leur décision. (Voir la jurisprudence.)

rembourser à l'acquéreur les frais occasionés par la vente. (Art. 1646. *Ibid.*)

Si la chose qui avait des vices a péri par suite de sa mauvaise qualité, la perte est pour le vendeur, qui sera tenu, envers l'acheteur, à la restitution du prix et aux autres dédommagemens expliqués dans les deux articles précédens.

Mais la perte arrivée par cas fortuit sera pour le compte de l'acheteur. (Art. 1647. *Ibid.*)

L'action résultant des vices rédhibitoires doit être intentée par l'acquéreur dans un bref délai, suivant la nature des vices rédhibitoires et l'usage du lieu où la vente a été faite. (Art. 1648. *Ibid.*)

Elle n'a pas lieu dans les ventes faites par autorité de justice. (Art. 1649. *Ibid.*) (1).

Des obligations de l'acheteur.

La principale obligation de l'acheteur est de payer le prix, au jour et lieu réglés par la vente. (Art. 1650. Code civil.)

S'il n'a rien été réglé à cet égard lors de la vente, l'acheteur doit payer au lieu et dans le temps où doit se faire la délivrance. (Art. 1651. *ibid.*)

Intérêts du prix de la vente; quand ils sont dus.

L'acheteur doit l'intérêt du prix de la vente jusqu'au paiement du capital, dans les trois cas suivans ;

S'il a été ainsi convenu lors de la vente ;

(1) 1684, Code civil.

Si la chose vendue et livrée produit des fruits ou autres revenus;

Si l'acheteur a été sommé de payer.

Dans ce dernier cas, l'intérêt ne court que depuis la sommation. (Art. 1652. *Ibid.*)

Acheteur troublé, ou qui a juste crainte de l'être, peut-il ne pas payer son prix de vente ?

Si l'acheteur est troublé, ou a juste sujet de craindre d'être troublé par une action, soit hypothécaire, soit en revendication, il peut suspendre le paiement du prix jusqu'à ce que le vendeur ait fait cesser le trouble, si mieux n'aime celui-ci donner caution, ou à moins qu'il n'ait stipulé que, nonobstant le trouble, l'acheteur paiera. (Art. 1653. Code civil.)

Vente dont le prix n'est pas payé peut-elle être résolue ?

Si l'acheteur ne paie pas le prix, le vendeur peut demander la résolution de la vente. (Art. 1654. Code civil.) (1).

Résolution au profit du vendeur.

En matière de vente de denrées et objets mobiliers, la résolution de la vente aura lieu de plein droit et sans sommation, au profit du vendeur, après l'expiration du terme convenu pour le retirement. (Art. 1657. Code civil.) (2).

(1) Cette demande doit être formée en justice, si le vendeur s'y refuse de gré à gré.

(2) L'article 1657 du Code civil, qui déclare résolue de

OBSERVATIONS SUR LA GARANTIE DES DÉFAUTS DE LA CHOSE VENDUE.

La garantie que le vendeur doit à l'acheteur, c'est la chose vendue exempte des défauts cachés qui la rendraient impropre à l'usage auquel elle est destinée d'après sa nature, ou qui diminueraient tellement cet usage, que l'acheteur ne l'aurait pas acheté s'il avait connu ces vices.

Des vices rédhibitoires donnent lieu, au profit de l'acheteur, à une action par laquelle il force le vendeur à reprendre la chose.

D'après les dispositions des articles 1641, 1642 et 1643 du Code civ., pour qu'il y ait lieu à la résiliation il faut :

1° Que le vice soit caché, et qu'il n'ait pas pu être connu de l'acheteur ;

2° Que l'acheteur ne l'ait en effet pas connu en achetant;

plein droit, et sans sommations, au profit du vendeur, la vente de denrées et effets mobiliers, quand le retirement n'en a pas été fait par l'acheteur au terme convenu, s'applique aux matières commerciales comme aux matières civiles.

Arrêt. La Cour, vu l'article 1657 du Code civil ;—Attendu que cet article est général et ne porte aucune exception ; que la matière ne paraît exiger aucune différence entre les marchés de denrées entre particuliers et ceux de pareille nature entre marchands; attendu, au surplus, que le Code de commerce, promulgué plusieurs années après la promulgation de tous les titres du Code civil, ne contient aucune exception à la disposition de l'article 1657, et qu'en créant cette exception l'arrêt de la Cour de Nancy a violé cet article du Code civil; casse, etc. Du 27 février 1828 ; Cour de cass., ch. civ. (Sirey, t. 28, 1re partie, p. 357.)

3° Que le vice n'ait pas été excepté de bonne foi par le vendeur;

4° Que le vice n'existât pas au temps de la vente, ou même simplement au temps de l'accomplissement de la condition, si la vente est faite sous une condition suspensive;

5° Enfin que le vice soit du nombre de ceux qui, suivant l'usage du lieu de la vente, sont réputés vices rédhibitoires.

En effet, si le vice est apparent, comme un cheval boiteux ou aveugle, il n'y a pas lieu, pour l'acheteur, à faire résilier la vente, ni même à obtenir une diminution du prix; car il est présumé avoir promis un prix en conséquence; mais il ne suffit pas, pour qu'il ne puisse se plaindre du vice, que ce vice ne fût pas interne ou caché; il faut aussi que l'acheteur ait pu s'en convaincre lui-même; l'art. 1642 complète à cet égard l'art. 1641, qui parle seulement des vices cachés, ayant dit que le vendeur n'est pas tenu des vices apparens; ces expressions ne seraient qu'une superfétation si, par cela seul qu'un vice serait apparent de sa nature, qu'il serait externe, le vendeur était affranchi de la garantie à ce sujet. Mais il n'en est pas ainsi, parce que, dans une foule de cas, un vice peut-être apparent par lui-même, et à raison des circonstances il est possible qu'il n'ait pu être connus de l'acheteur, la chose n'ayant pas été mise sous ses yeux au moment de la vente, et d'autres cas qui ne permettent pas d'examiner l'objet vendu, achetant ainsi de confiance. La mauvaise foi du vendeur ne doit pas lui profiter; l'acheteur doit stipuler la garantie pour toute espèce de défauts apparens ou externes, même interne ou caché, lorsqu'en achetant le vice ne lui était pas connu et qu'il n'a pas été averti par le vendeur. La garantie **est** due; si le vendeur le déclare, ou lorsqu'il l'ignore et qu'il vend avec stipulation de non garantie, il est excepté de bonne foi ; mais s'il connaissait le vice et qu'il l'ait dissimulé, la stipulation de non garantie ne l'affranchit pas, si la vente est conditonnelle; la vente est parfaite et aux risques de l'acheteur, si elle a lieu sous condition; la chose est aux risques du vendeur jusqu'à l'accomplissement de la condition ; il faut qu'à cette époque la chose soit exempte des vices qui la rendraient impropre à l'usage auquel elle est destinée, ou qui diminuraient tellement cet usage, que l'acheteur ne l'aurait pas acheté, s'il avait connu ces vices, ou n'en aurait donné qu'un moindre prix. Il est donc nécessaire, pour qu'il y ait lieu à l'action rédhibitoire, que le vice existât au temps de la vente, ou au temps de l'accomplissement de la condition, si la vente est conditionnelle. Pour que la demande de l'acheteur soit accueillie, est-il nécessaire que celui-ci prouve positivement que la chose était déjà atteinte de ce vice au temps du contrat, ou de l'accomplissement de la condition? Il est plus d'un vice rédhibitoire qui ne se manifeste pas de suite, mais après un certain temps; en sorte que l'acheteur serait souvent dans l'impuissance de prouver que le vice existait au temps de la vente, et la fraude des vendeurs auroit bien souvent des succès; il y a présomption légale que le vice existait lors de la vente (1), sauf la preuve contraire.

Il faut que le vice soit du nombre de ceux qui, suivant l'usage du lieu de la vente, sont réputés rédhibitoires; on a voulu, à cet égard, suivre les usages locaux, et ce qui le prouve, c'est l'article 1648, qui porte que l'action résultant des vices rédhibitoires doit être intentée, par l'acquéreur, dans un bref délai, suivant la nature des vices rédhibitoires et l'usage du lieu où la vente a été faite: ainsi, l'on doit non-seulement observer l'usage du lieu où la vente a été faite, en ce qui concerne le délai dans lequel l'action doit être intentée, mais on doit encore observer cet usage relativement à la nature du vice, par conséquent en ce qui touche le point de savoir si le vice lui-même est ou non rédhibitoire, car le Code ne s'étant point expliqué à ce sujet, il est évident qu'il a entendu suivre l'usage des lieux, ainsi qu'il l'a fait dans d'autres matières.

Divers vices réputés rédhibitoires.

Pour les chevaux, la pousse, la morve et la courbature sont partout des vices rédhibitoires; mais les délais pour intenter l'action varient en raison des localités, et en raison aussi de ces différens vices.

Sont aussi des vices rédhibitoires, et générale-ment partout :

(1) Arrêt du 13 juillet 1808.

Le mal caduc et la pommelière, à l'égard des vaches;

La clavelée pour les moutons;

La ladrerie et le charbon pour les porcs, et, pour tous les animaux, les maladies épidémiques et contagieuses.

La garantie pour les défauts cachés est de droit.

Lorsque la vente comprend plusieurs choses dont l'une a été l'objet principal et que les accessoires portent sur le principal, et qu'il y ait résiliation, elle a lieu pour le tout; l'acheteur ne peut contre le gré du vendeur garder l'accessoire, en se contentant d'une indemnité pour le principal qu'il rendrait, car l'accessoire n'a pas été l'objet de la vente; sauf à lui à garder aussi le principal et à conclure seulement à une indemnité à raison du vice dont il est infecté, conformément à l'art. 1644 du Code civ. Cet article donne à l'acheteur le droit de demander la résiliation du contrat, ou une indemnité à dire d'experts, à son choix; si le vendeur connaissait les vices de la chose et qu'il n'en ait pas averti l'acheteur, il est tenu, outre la restitution du prix, de tous les dommages-intérêts (art. 1645); si, au contraire, le vendeur ignorait le vice dont l'animal était atteint, qui a péri par la contagion, il ne devrait que la restitution du prix s'il l'avait reçu, et le remboursement des frais occasionés par la vente (1646); il ne devrait aucune autre espèce de dommages-intérets, quand même l'acheteur offrirait de prouver qu'il aurait pu vendre la chose plus cher qu'il ne l'a achetée, et comme la mauvaise foi ne se présume pas , ce serait à l'acheteur qui prétendrait que le vendeur connaissait le vice de la chose , à prouver son allégation à cet égard.

Lorsque la vente est résiliée, les choses sont remises au même état; le prix doit être restitué, s'il a été payé, dans le cas contraire, l'acheteur est déchargé de l'obligation de payer.

Les frais occasionés par la vente doivent pareillement être remboursés à l'acheteur, ainsi que les intérêts du prix, depuis le jour du paiement jusqu'au jour du remboursement, à moins que le juge n'en ait ordonné la compensation, en tout ou partie , avec les produits ou l'usage que l'acheteur a retirés de la chose.

Quant aux frais de nourriture d'un animal, ils se compensent avec les services que l'acheteur en a ou a pu en retirer.

Mais il n'en est pas de même des frais de maladie de l'animal: le vendeur en doit le remboursement, puisqu'il avait intérêt à ce qu'ils fussent faits, et il les devrait quand bien même la chose serait venue à périr, si c'était par suite de sa mauvaise qualité; la perte est supportée par le vendeur, qui doit la restitution du prix (art. 1647); dans ce cas, l'acheteur doit de même restituer la peau de l'animal, soit du cheval ou bête à cornes , ainsi que les accessoires ; si l'animal est mort d'une malade contagieuse , l'acheteur est dispensé d'offrir sa peau; si la chose a péri par cas fortuit, la perte est supportée par l'acheteur.

Le principe établi dans l'art. 1648 du Code civ., que les actions doivent être intentées dans un bref délai, les tribunaux devraient donc déclarer non recevable l'acheteur qui ne réclamerait qu'après un long temps, comme celui qui ne réclamerait qu'après le temps fixé par un usage constant dans le lieu où a été faite la vente; celui qui a succombé dans l'action en résiliation de la vente, et qui voudrait intenter ensuite celle en diminution du prix, sur le fondement que ce n'est pas la même action, serait déclaré non recevable, par l'exception de la chose jugée.

L'art. 1649 Code civ. porte, que l'action résultant des vices rédhibitoires n'a pas lieu dans les ventes faites par autorité de justice.

La fraude est moins à craindre dans ces sortes de ventes, parce que les fonctionnaires qui y procèdent n'ont pas d'intérêt à faire mystère des vices dont les choses sont atteintes, et que ces ventes se font souvent à des prix peu élevés.

TROISIÈME PARTIE.

—

CHAPITRE V.

Jurisprudence des tribunaux, des cours royales et de la Cour
de cassation, concernant les vices rédhibitoires.

VICE RÉDHIBITOIRE. — PREUVE.

*Au cas de vente attaquée pour vices rédhibitoires,
l'acquéreur doit montrer que le vice dont il se
plaint existait à l'époque de la vente.*

Le sieur Classens, de Bruxelles, vend un cheval au sieur Cogels moyennant 1,200 fr. ; il s'oblige à la garantie, règle de marchands.

Un mois après la vente, Cogels s'aperçoit que
le cheval est poussif ; il intente l'action rédhibitoire ; le délai pour intenter cette action étant
de quarante jours dans le Brabant, et le Code
civil, art. 1648, se référant à l'usage des lieux
pour la détermination de ce délai, elle se trouvait dirigée en temps utile.

Classens se borna à répondre qu'il était possible que le cheval vendu eût la pousse au mo ment de la demande, mais qu'il ne l'avait pas au moment de la vente.

Jugement du tribunal civil de Bruxelles, en date du 12 brumaire an XIII, qui mit à la charge de Cogels le soin de prouver que le cheval par lui acquis était poussif au moment de l'acquisition.

Appel de la part de Cogels ; sur l'appel, son adversaire lui oppose une fin de non recevoir.

Le jugement rendu était purement préparatoire, et l'art. 6 de la loi du 3 brumaire an II interdisait l'appel des jugemens préparatoires avant la prononciation des jugemens définitifs.

Cogels repoussait la fin de non recevoir, disant que les dispositions de la loi du 3 brumaire an II ne s'appliquaient qu'aux jugemens purement préparatoires, et non aux jugemens interlocutoires et préjugeant le fond ; or, celui dont il s'agissait dans l'espèce préjugeait le fond : en succombant dans sa preuve, Cogels succombait dans toute la cause.

Au fond, il n'était pas nécessaire que les vices rédhibitoires se manifestassent au moment même de la vente. — S'il en était ainsi, la preuve de cette existence serait presque toujours impossible dans les ventes de chevaux, attendu l'art profond avec lequel les maquignons et les marchands de chevaux parviennent à dissimuler les vices, et surtout la pousse.—Il suffirait qu'ils se manifestassent dans le délai de quarante jours pour que le vendeur en fût responsable pendant tout ce temps. — La présomption, dans ce cas, était que le vice était antérieur à la vente. **Cette** présomption cependant pouvait être détruite par la preuve qu'administrait le vendeur, que l'acheteur était lui-même l'auteur de la maladie ou du vice connu p. c., s'il était prouvé dans l'espèce que l'acheteur a excédé de fatiguer le cheval.

Classens justifiait le jugement au fond, en soutenant qu'aussitôt que la chose était livrée, la garantie des vices survenus depuis ne pesait **plus** sur le vendeur ; pour que l'action redhibitoire eût son effet, il fallait que le vice existât au moment même de la vente. Ce principe était si rigoureux que les lois 3 , Cod., et 16, ff., *de Ædil. edict.* déchargaient le vendeur de toute garantie dans le cas où le vice aurait précédé la vente. Deghewiet, dans ses Institutions du droit de Belgique, enchérissait encore sur ces décisions, et il mettait à la charge de l'acheteur la preuve de l'existence du vice rédhibitoire, part. 3, titre 1er, des Actions, art. 4. — Il s'appuyait de l'opinion de Tulden, *ad cod.*, *lib. 4, titre 58, n. 6.* — *Per leg. quæro, ff, § ult. , de Ædil. edict.*

ARRÈT.

« Attendu qu'en imposant à Cogels l'obligation de prouver que le cheval dont il s'agit était attaqué, au temps de la vente qui lui en a été faite, du vice rédhibitoire par lui allégué, le premier juge a rendu hommage aux principes reconnus sur la matière, et ne lui a jusqu'ici infligé aucun grief ;

» La cour déclare l'appelant, quant à présent, sans griefs, et le condamne aux dépens. »

Du 29 messidor an XIII. Cour d'appel séant Bruxelles. (Sirey, t. 5, 2me part., page 538.) (V. *Journal du Palais*, t. 13, p. 221.)

VENTE. — VICE RÉDHIBITOIRE. — (DÉLAI).

Quand l'action rédhibitoire est exercée dans le temps prescrit, la présomption légale est-elle que le vice rédhibitoire existait lors de la vente? — Rés. aff. (Cod. civ., art. 1648.)

Le 22 mai 1807, Voisard vend un cheval à Laplanche, à la foire de Porentruy; le 30 juillet suivant, Laplanche somme Voisard de nommer un expert pour reconnaître que le cheval est attaqué de la morve. — Du procès-verbal des experts nommés de par et d'autre, il résulte que le cheval est réellement attaqué de ce vice : en conséquence, le même jour, il est abattu et enfoui par ordre du maire de Saint-Arsanne. Laplanche forme une demande en remboursement du prix, à quoi Voisard répond qu'il n'est pas prouvé que le cheval fût déjà malade le jour de la vente. 23 décembre 1807, jugement du tribunal de Saint-Hippolyte, qui par ce motif déboute Laplanche de sa demande et le condamne aux dépens.

Sur l'appel, Laplanche prétend que l'action rédhibitoire doit être admise dès que, dans les

quarante jours, à dater de la vente, il est constaté que l'animal vendu était affecté de la morve;
que cela est conforme à la coutume d'Ajoye,
d'où Porentruy relevait; l'intimé oppose la doctrine de Pothier et de plusieurs autres auteurs,
d'après lesquels, pour que le vendeur soit tenu
à la garantie, il faut que l'acheteur prouve que
le vice de la chose vendue existait dès le temps
du contrat.

ARRÊT.

« Considérant que la prescription de 40 jours
fixée pour l'exercice rédhibitoire emporte présomption légale que l'animal qui, pendant ce
délai, à dater de la vente, est attaqué d'un vice
rédhibitoire, en était déjà affecté lors de la vente;
que ce point est d'autant plus certain, que les
trois maladies des chevaux, appelées pousse,
morve et courbature, sont dans leur principe réputées cachées et ne deviennent sensibles, même
pour ceux qui sont experts en cette partie, que
lorsqu'elles ont fait des progrès considérables;
que dès-lors l'acheteur qui prouve que, dans le
délai de 40 jours, l'animal qui lui a été vendu
est affecté de l'une des maladies ci-dessus mentionnées, justifie par là suffisamment qu'il a
droit à l'action rédhibitoire; que c'est d'autant
mieux le cas de faire ici l'application de ces principes, qu'à Porentruy, comme dans la ci-devant
province de Franche-Comté, les usages en cette
matière sont les mêmes; d'où il résulte que le
jugement dont appel doit être réformé;

» La cour, sans prendre égard à la vente du 22 juin 1807, qui est déclarée résiliée, condamne Voisard à rendre et rembourser à l'appelant la somme de 168 francs, prix de ladite vente, avec intérêts du jour de la demande, et aux dépens.

Du 13 juillet 1808. Cour d'appel de Besançon. — (Sirey, t. 9, 2me part., p. 298.)

La cachexie, ou pourriture des moutons, donne lieu à une action rédhibitoire, même quand ils ne sont donnés qu'à cheptel. — (Gasseau C. Pilté et Corsange).

Cette jurisprudence a été ainsi établie par le tribunal d'Orléans. La question était neuve. — Dans l'ancien droit, la pourriture n'était pas comprise parmi les maladies épidémiques et contagieuses qui, dans certain temps, règnent sur les animaux et qui seules étaient mises au nombre des vices rédhibitoires. Pothier, qui a développé les règles de la vente sur tous les points de vue du for intérieur et du for extérieur, ne dit pas un mot de la pourriture des moutons; j'ai cru en trouver la raison, d'après ce que m'ont dit des gens du métier : c'est que les moutons attaqués de la cachexie ne sont pas moins bons à manger que les autres, et que, par conséquent, l'animal, quoique malade, n'avait pas perdu de sa véritable valeur. Mais depuis l'introduction des mérinos en France, on a dû raisonner autrement, la plus grande valeur des moutons consistant dans le produit de leur laine.

Le jugement a été confirmé, sans approuver toutefois la décision sus-énoncée, et d'après le seul motif que l'équité étant la base des contrats, un fermier ne peut être tenu de garder un troupeau attaqué de la cachexie au moment où il l'a reçu à cheptel, lorsque surtout le fermier ignorait que les bestiaux étaient attaqués de cette maladie (sur les art. 1135, 1642, 1648 C. civil). Pothier fait observer (Cont., Vente, n° 209) que si l'acheteur, en dissimulant la connaissance qu'il avait du vice rédhibitoire, au vendeur qui l'ignorait, à induit le vendeur en erreur, celui-ci serait fondé à exclure l'acheteur de sa demande par l'exception de dol.

Du 4 mars 1812. C. d'Orléans. (M. Colas Delanoue). Quoiqu'il n'y ait que les vices cachés de l'objet vendu qui puissent donner lieu à l'action rédhibitoire, cependant on peut ordonner une mesure interlocutoire pour vérifier si, au moment de la vente, le cheval dont on garanti la vue avait sur les yeux un commencement de cataracte (sur l'art. 1643, C. civ.). — (De Beauregard C. Blandin).

Du 11 juin 1812. — C. d'Orléans. — (Extrait du même auteur).

(Jurisprudence générale du royaume, par M. Dalloz, t. 12, p. 889, tit. de la vente et échange, chap. 1er, sect. 11, art. 11. — § 11.)

USAGES LOCAUX.

*1° Commerçant. — Vente ; 2° Vices rédhibitoires.
— Usages locaux. ; 3° Dépens, compensation.*

1° Le commerçant qui vend des marchandises
de son commerce à un non commerçant, pour
l'usage personnel de celui-ci, n'est pas, à raison
de ce fait, justiciable des tribunaux de commerce. — Il n'y a pas là, même à l'égard du
négociant, acte de commerce attributif de juridiction (Code de comm., art. 631.) (1).

2° L'art. 1648, Code civ., s'en réfère-t-il à
l'usage des lieux, non seulement en ce qui
touche les délais dans lesquels doit être formée
l'action en garantie pour vices rédhibitoires,
mais aussi pour déterminer la nature des vices
rédhibitoires ? (2)

3° Il y a lieu de compenser entre les parties
les dépens faits, en procédant devant un tribunal
incompétent, si le défendeur a laissé procéder
à tort, avant d'opposer le déclinatoire (3).

(Le sieur Legendre contre le sieur Pelleport.)

Le sieur Legendre, marchand de chevaux à
Metz, vend un cheval au sieur Pelleport, officier

(1) V. Sirey, t. 10, 2e partie, p. 548.

(2) La négative résulte implicitement de l'arrêt que nous
rapportons ; elle a été aussi adoptée par un jugement du tribunal de première intance de Metz, du mois d'avril 1823,
contre lequel il n'y a pas eu d'appel.

(3) V. Sirey, t. 3, 2e partie, p. 280.

de cavalerie ; quelque temps après l'acquisition, le sieur Pelleport s'apercevant que le cheval est atteint de claudication, et soutenant que c'est un vice rédhibitoire, actionne le sieur Legendre en garantie devant le tribunal de commerce de Metz.

Le défendeur, sans opposer de déclinatoire, soutient au fond que le défaut dont le cheval est atteint ne se trouvant pas au nombre des vices rédhibitoires énumérés dans l'art. 4 du titre 4 de la coutume de Metz, on ne pouvait, d'après l'art. 1648 du Code civ., admettre la garantie réclamée par le demandeur.

Jugement du tribunal de commerce, qui, sans s'arrêter à ce moyen, ordonne une expertise pour savoir si le cheval était ou non atteint du vice qui lui était reproché.

Appel de la part du sieur Legendre : il a soutenu, pour la première fois, que le tribunal de commerce était incompétent, *ratione materia*. Dans son intérêt on a dit : d'après le Code de commerce, la juridiction commerciale peut s'établir de deux manières : 1° par la qualité des parties, juridiction personnelle ; 2° par la nature de l'acte, abstraction de la qualité des contestans, juridiction réelle.

La juridiction personnelle est attribuée aux tribunaux de commerce (art. 631, § 1er) dans le cas de contestations entre négocians, marchands et banquiers ; entre, dit la loi, et non pas de la part ou contre ; il faut donc que les deux parties soient commerçantes et qu'elles puissent réciproquement saisir les tribunaux de commerce de leurs prétentions ; dans ce cas, la loi présume toujours (art. 632, § 6) que l'engagement est relatif à un acte de commerce, à moins que le contraire ne soit prouvé (art. 638 et 639).

La juridiction réelle peut avoir lieu indépendemment de la qualité des parties ; en d'autres termes, toutes personnes, même non commerçantes, sont justiciables des tribunaux de commerce, lorsqu'elles font un acte que la loi répute acte de commerce dans les art. 632 et 633.

Pour résoudre la question proposée, il faut donc voir si l'espèce rentre dans l'un des cas déterminés, celui de la juridiction personnelle, ou celui de la juridiction réelle ; or, le contraire est positif.

On ne peut invoquer l'art. 631, § 1er, puisque l'une des parties, le demandeur, n'est pas commerçant. On ne peut exciper de l'art. 631, § 2, ni de l'art 632, puisque le cas de la vente n'y est pas prévu, la loi ne parlant que d'achat. Et que l'on ne dise pas que l'achat comprend la vente ; cette interprétation répugne à la lettre et à l'esprit de la loi : car si le législateur avait voulu dire vente, il aurait ajouté ce mot et ne se serait pas borné à parler d'achat ; cela est tellement vrai, que dans l'art. 633 la loi répète les mots achats et ventes ; elle n'a donc pas supposé que par l'un on dût nécessairement entendre l'autre. D'ailleurs, il est certain que la loi n'a pas pu parler de vente dans l'art. 632. L'achat pour revendre constitue matériellement un acte de commerce ; quelle que soit la qualité de la partie qui achète pour revendre, ce fait ne peut être qu'une spéculation pour avoir un avantage, un bénéfice, en d'autres termes, un acte de commerce. Il fallait donc parler d'achat. Mais la vente constitue-t-elle nécessairement une opération de commerce? Non, on peut vendre un objet sans être commerçant et sans vouloir spéculer, sans avoir un bénéfice en vue. La vente n'est donc un fait de commerce que suivant les circonstances et suivant la qualité des parties ; elle n'est donc pas, par elle seule, comme l'achat pour revendre, un acte de commerce, et par suite elle ne pouvait ni ne devait se trouver dans l'art. 632. Cela peut d'autant moins être mis en doute, que dans la première rédaction de l'art. 632 on avait dit : « Tous actes de trafic et de négoce de denrées et marchandises (1), » et que les termes généraux présentés par la section de l'intérieur du conseil d'état ont été écartés dans l'adoption définitive de la loi, quoiqu'on eût formellement prévu la difficulté agitée dans l'espèce.

De tous ces principes résulte la conséquence que ni l'art. 631, ni l'art. 632, n'attribuent, dans l'espèce dont il s'agit, compétence aux juges de commerce. Tirera-t-on le principe de cette compétence de quelque autre disposition de la loi? Il n'en existe aucune. Vainement voudrait-on

(1) V. Esprit du Code de comm., par M. Locré, t. 8, p. 161 et 169 jusqu'à la p. 273.

argumenter de l'art. 638, qui énumère les actes qu'on ne peut considérer comme commerciaux : d'abord la rédaction de cet article est loin d'être parfaite, puisqu'en voulant pousser dans ses dernières conséquences le raisonnement *à contrario*, sur lequel s'appuient les adversaires, on arriverait à des conclusions fausses et inadmissibles ; en second lieu, cet article n'est, si l'on peut s'exprimer ainsi, qu'un débris de construction appartenant à un édifice démoli. Comme on peut le voir dans la discussion qui eut lieu au conseil d'état (1), la disposition de l'art. 638 n'avait été faite que pour restreindre le principe trop général admis dans une autre disposition, portant qu'on devait réputer actes de commerce tous actes de trafic et négoce de denrées et marchandises ; on a depuis changé cette disposition, qui a été remplacée par le § 1er de l'art. 632, et cependant l'article 638, qui, n'étant qu'un correctif, devenait un hors-d'œuvre, paraît être resté sans qu'on s'aperçût qu'il appartenait à un système que l'on venait de modifier. Cet article est donc sans application.

En dernière analyse, tout se réduit à ce raisonnement bien simple : la compétence des juges de commerce ne peut résulter que d'une disposition formelle de la loi ; or le cas dont il s'agit dans l'espèce proposée ne leur est attribuée par aucune loi ; donc les juges consuls sont incompétens.

(1) **V.** Locré, *loco citato*.

A ces principes, que viennent fortifier des considérations d'équité, se joint l'autorité d'un arrêt rendu par la Cour de Nîmes, le 19 août 1808, qui, quoique statuant sur une contestation qui devait être jugée d'après l'ordonnance de 1673, peut néanmoins être invoqué pour décider la question sous l'empire du Code de commerce.

Pour le sieur Pelleport, intimé, on répondait : admettons d'abord que les tribunaux de commerce, juges d'exception, ne peuvent connaître que des contestations qui leur sont légalement attribuées ; admettons encore que la première partie de l'art. 631 n'est applicable qu'au cas où la contestation a lieu entre négocians, marchands et banquiers ; allons plus loin, et sans examiner si l'art. 632, qui énumère les actes de commerce, est restrictif ou s'il n'est que démonstratif ; admettons aussi que le législateur n'a parlé que d'achat, et que par ce mot on ne peut et l'on ne doit pas entendre vente ; en un mot, consentons que l'espèce actuelle ne rentre ni dans l'art. 631 tel qu'il est, ni dans l'art. 632.

Mais l'on peut soutenir que l'art. 631 n'est pas limitatif, qu'il est purement indicatif ; en effet, cet article contient textuellement deux parties : dans la première, c'est la juridiction personnelle, pure, indépendante de la nature du fait, lequel est toujours, à moins de preuve contraire, présumé fait de commerce ; dans la deuxième partie, c'est la juridiction réelle pure, abstraction de la qualité de l'un et de l'autre des contractans.

A ces deux parties exprimées il faut nécessairement en ajouter une troisième, qui, quoique non écrite dans cet article, ressort de l'ensemble du système, de la nature des choses et de quelques dispositions formelles du Code de commerce. Cette troisième partie, que l'on peut appeler juridiction mixte ou relative, est celle qui concerne certains faits qui, sans être en eux-mêmes des actes de commerce, le deviennent par la qualité de l'un des contractans. Alors si celui-ci est poursuivi en justice, s'il est défendeur, comme la qualité de défendeur est d'ailleurs attributive de juridiction, les tribunaux de commerce sont juges compétens.

Ce principe ressort de la nature des choses; comment concevoir en effet que l'achat fait par un marchand d'un objet de son commerce constitue un acte commercial, et que la vente de ce même objet, n'importe à qui, c'est-à-dire le fait qui couronne, qui consomme l'opération, la spéculation, ne soit plus de sa part un fait de commerce? Comment concevoir que dans un cas (pour l'achat) les juges consuls soient compétens, et qu'ils ne le soient pas dans l'autre (la vente)? Dira-t-on que c'est la faveur due au commerce qui a introduit la compétence pour le premier cas? Mais n'est-il pas aussi de l'avantage d'un commerçant, en cas de vente faite par lui, d'être jugé, sans retards et sans frais, par ses juges naturels? Objectera-t-on le défaut de réciprocité, si l'acheteur n'est pas négociant? Mais la même objection a lieu en cas d'achat, si le vendeur n'est pas commerçant. Ainsi il n'y a pas de raison de refuser la juridiction consulaire dans un cas, lorsqu'on l'accorde dans l'autre.

La compétence résulte aussi de l'ensemble du système de la loi; on ne voit pas dans la discussion qui a eu lieu au Conseil d'état sur le titre 2 du livre 4 du Code de commerce, un seul mot qui puisse faire pencher en faveur du système contraire; tandis que la compétence, dans le cas que nous discutons, paraît sans cesse être admise comme un point qui n'a pas besoin d'être établi; il suffit de lire l'Esprit du Code de commerce, par M. Locré, tome 8, page 261 et suivantes, pour se convaincre de la vérité de cette assertion.

Enfin, le principe que nous invoquons est prouvé jusqu'à l'évidence par la combinaison des différens articles du Code de commerce; par exemple: l'on ne voit ni dans l'art. 631, ni dans l'art. 632 que les tribunaux de commerce puissent connaître d'une demande en paiement d'un billet à ordre souscrit par un négociant, poursuivi par un non négociant; cependant la compétence existe incontestablement, et l'art. 637 en parle comme d'un principe constant préexistant. Il est donc vrai que la juridiction commerciale s'étend à des actes qui ne sont pas expressément proclamés actes commerciaux: l'art. 638 dispose que le propriétaire qui vend les denrées provenant de sa récolte ne fait pas un acte commercial. Cette dernière disposition deviendrait inutile, si l'on admettait le système

des adversaires, d'après lequel, à moins d'attribution expresse, il n'y a pas de compétence.
D'ailleurs on prétend que le marchand qui vend
un objet de son commerce ne sera pas justiciable des tribunaux consulaires par le seul effet
du silence de la loi, et il aura fallu une disposition expresse pour soustraire à la juridiction
commerciale le fait du propriétaire qui vend des
denrées provenant de son crû! Évidemment un
pareil système est inadmissible.

Que l'on ne dise pas que cet art. 638 avait
été fait comme partie d'une législation qui a été
modifiée; et, d'abord, le premier système des
législateurs n'a pas été changé; la rédaction a
bien reçu quelques modifications, mais les bases
et les principes n'ont éprouvé aucun changement; ensuite, ce serait faire injure au législateur que de supposer qu'un article devenu inutile et même ridicule aura été conservé ou se
sera glissé dans le Code par oubli, par mégarde?
Non, cet article n'a pas été ainsi introduit dans
le Code : il y a été inséré pour établir une exception à un principe antérieurement admis, et
cette exception atteste l'existence de la règle. Il
faut donc conclure qu'une contestation à l'occasion d'un acte qui ne devient commercial que par
la qualité de l'une des parties, par exemple, la
vente faite à un non négociant, par un marchand,
d'un objet de son commerce, est soumise à la
juridiction consulaire lorsque c'est le défendeur
qui est commerçant, parce que, dans ce cas, la
qualité de négociant fixe définitivement la juri-

diction dont le titre de défendeur était déjà attributif.

Au fond, l'appelant a soutenu, comme devant les premiers juges, que le défaut dont le cheval était atteint ne se trouvant pas dans le nombre des vices rédhibitoires énumérés dans l'art. 3 du titre 4 de la coutume de Metz, on ne pouvait, d'après l'art. 1648 du Code civil, admettre la garantie réclamée par le demandeur.

ARRÊT.

La Cour, attendu que les tribunaux de commerce, étant d'attribution, ne peuvent connaître d'autres faits ou actes que ceux spécifiés par l'art. 632 du Code de commerce ;

Attendu qu'il est évident que ce n'est ni dans l'intention de revendre, ni de louer que l'intimé a acheté le cheval dont il s'agit ; que dès-lors le marché auquel il a donné lieu ne peut être rangé dans la classe des actes de commerce spécifiés par l'art. 632 : le tribunal de commerce était donc incompétent pour connaître de cette contestation, dont la décision appartient aux tribunaux ordinaires ;

Attendu que la question n'est pas disposée à recevoir la décision, puisqu'il est nécessaire de la faire précéder d'une expertise ;

Attendu que l'appelant, en n'excipant pas du moyen d'incompétence devant les premiers juges, a donné lieu à l'augmentation des frais de la procédure continuée, et qu'il doit en supporter une partie ;

Sur l'appel, met l'appellation au néant; déclare nul le jugement dont est appel; délaisse aux parties à se pourvoir comme elles le jugeront convenable; compense les frais entre les parties, le coût de l'arrêt payable par moitié; fait mainlevée de l'amende.

Du 19 avril 1823. — Cour royale de Metz. (Sirey, t. 23, 2e part., p. 312.) (V. Journal du Palais, t. 19, p. 341.)

*Vice rédhibitoire. — **Tic**. — Cheval. — Usage.*

Le tic n'est pas un vice rédhibitoire pour les chevaux, selon l'usage de la Normandie.

En général, pour qu'il y ait vice rédhibitoire dans le sens de l'article 1648, Cod. civ. (à part l'empire des usages locaux), il ne suffit pas qu'il y ait vice caché ôtant de l'agrément ou de la valeur, il faut (selon le vœu de l'article 1641) que le vice caché rende l'animal plus ou moins impropre au service ou usage auquel il est destiné.

ARRÊT.

La cour; — considérant qu'il ne suffit pas, pour qu'il y ait vice rédhibitoire, que la chose vendue soit affectée d'un défaut caché qui puisse en altérer la valeur, mais il faut encore, ainsi que le porte l'article 1641, Cod. civ., que l'altération dans la valeur provienne de ce que la chose est rendue impropre à l'usage auquel on la destine, ou de ce qu'au moins cet usage est considérablement diminué; que ce sont là les caractères qui se rencontrent dans les différens vices signalés par la jurisprudence, tels que la pousse, la morve et la courbature, dont il est fait mention dans l'arrêt de règlement du parlement de Normandie, du 30 janvier 1728, qui, non-seulement influent d'une manière désavantageuse sur le prix des chevaux, mais encore les mettent totalement ou à peu de chose près hors de service lorsqu'ils en sont atteints ; que ce point de vue, sous lequel on doit envisager les vices rédhibitoires, est une conséquence du motif d'où vient l'action qu'ils font naître, c'est-à-dire de l'obligation principale résultant du contrat de vente par laquelle le vendeur est tenu de faire avoir à l'acquéreur l'objet vendu, *rem præstare emptori habere licere*, obligation qui est remplie du moment où l'acheteur est saisi de la chose, et qu'il l'a reçue en état de lui rendre les services qu'il devait en obtenir selon son espèce ; — que le tic est bien chez les chevaux une maladie ou une mauvaise habitude que l'on peut regarder comme un désagrément, mais qui ne les rend pas moins capables de fatigue et de travail que s'ils n'en étaient pas attaqués ; que cela est si vrai qu'en Normandie, où le commerce très important, dont ils sont l'objet a dû, depuis long-temps éveiller l'attention sur les avantages ou les inconvéniens d'en faire un vice rédhibitoire, on ne l'a jamais reconnu comme tel ; — que si, rigoureusement parlant, on ne doit pas conclure de l'article 1648 que le législateur ait entendu s'en référer d'une manière absolue à l'usage sur le classement des vices rédhibitoires, au moins

doit-on voir dans cet article une preuve de la
grande autorité qu'il a désiré lui accorder en cette
matière, car en voulant que l'on prenne, ainsi qu'il
l'a prescrit, l'usage des lieux pour régulateur du
délai de l'action en garantie, il a manifesté l'intention que ce même usage ne fût pas étranger
à l'appréciation de ce qui constitue les vices rédhibitoires , puisque le temps donné pour s'en
plaindre doit nécessairement être mesuré sur les
caractères particuliers à chacun d'eux, et sur le
plus ou le moins de difficulté de les apercevoir ;
— qu'en pareil cas il est, en effet, de l'intérêt public de ne pas sortir , sans de puissantes raisons,
du cercle tracé par les usages établis, parce qu'en
général on doit les regarder comme l'expression
la plus fidèle des besoins de la contrée dans laquelle ils se sont introduits, et parce qu'en ne les
suivant pas, on exposerait à des procès sans nombre, surchargés à chaque instant d'expertises
et autres actes d'instruction, la classe simple et
laborieuse des cultivateurs, que l'on ne saurait
mettre trop d'importance à ne pas laisser distraire, sous de vagues prétextes, de ses occupa-
tions ; quant à l'objection tirée de la prétendue
destination particulière du cheval en question
pour les écuries du roi, que, quelle que soit la vérité de ce fait, sur lequel les parties ne sont pas
d'accord, s'il est sans doute à souhaiter que les
chevaux acquis pour le service personnel de Sa
Majesté soient, autant que possible, exempts de
défauts, c'est un motif pour que les officiers chargés des achats redoublent de soin et d'attention

dans leur choix , et non pour créer une dérogation aux règles ordinaires, qui pourrait devenir une source d'abus gênans pour l'industrie agricole, dont Sa Majesté elle-même veut avant tout la prospérité;—qu'il résulte des motifs précédemment déduits que les faits offerts en preuve par le vicomte d'Aure deviennent inconcluans et sans objet...—Réformant, déclare les preuves offertes inconcluantes, etc.

Du 22 novembre 1826. Cour royale de Caen, 4e ch. (Sirey, t. 27, 2e partie, p. 223.)

1° *Action rédhibitoire. — Immeubles ; 2° Action rédhibitoire. -- Prescription ; 3° Vices rédhibitoires. — Caractères.*

1° L'action rédhibitoire est accordée à l'acheteur d'un immeuble aussi bien qu'à l'acheteur de choses mobilières.—La disposition de l'article 1641 étant générale, s'applique aux ventes d'immeubles comme aux ventes de meubles ;

2° Il est laissé à la sagesse des juges d'arbitrer par quel délai se prescrit l'action rédhibitoire, en matière de ventes d'immeubles..., ainsi ils peuvent décider que l'action est exercée en temps utile, lorsqu'elle est formée avant l'expiration de six mois à partir de l'acte de vente, ou même à compter du moment où les vices ont été connus (Cod. civ., art 1648.)

3° Lorsqu'une maison a été vendue comme propre à l'habitation, et qu'après la vente l'acheteur reconnaît que les poutres soutenant les planchers, et qui étaient cachées par les plafonds , sont pourries, il a contre son vendeur l'action rédhibitoire, donnant lieu à la restitution du prix (C. civ., 1644). C'est là un vice caché rendant la maison impropre à l'usage auquel on la destine, dans le sens de l'article 1641. (Sirey, t. 24, 2e partie, page 365. — Cour royale de Lyon, 5 août 1824), rapporté dans le *Journal du Palais*, t. 72, p. 74.

Vice rédhibitoire.

(Action.) Le délai de l'action en résiliation de vente pour vices rédhibitoires court du jour de la vente, et non pas seulement du jour de la délivrance, lorsque la vente a eu lieu en foire, si la délivrance n'a été retardée que par suite d'une convention entre les parties ; — du moins il n'y a pas lieu de casser le jugement qui le décide ainsi par appréciation des circonstances de la cause.

(Annotation de la Table.)

1° *Jugement.* — *Faits.* 2° *Vice rédhibitoire.* — *Action.* — *Délai.* — *Cassation.*

1° L'exposition sommaire des faits dans le jugement (ordonnée par l'article 141 du Cod. de proc. et l'article 7 de la loi du 20 avril 1810) résulte suffisamment de la transcription dans les jugemens des actes introductifs d'instance et des conclusions des parties, lorsque ces actes et ces conclusions contiennent eux-mêmes une analyse des faits ;

2° Le délai de l'action en résiliation de vente pour vices rédhibitoires court du jour de la vente et non pas seulement du jour de la délivrance, lorsque la vente a eu lieu en foire, si la délivrance n'a été retardée que par suite d'une convention entre les parties ; — Il n'y a pas lieu, du moins, de casser le jugement qui le décide ainsi par appréciation des circonstances de la cause (Cod. civ., art. 1648).

24 février 1826, Bichot vend en foire, à Rivoire, un cheval dont la livraison n'eut lieu que le 18 mars suivant. — Le 10 avril de la même année, Rivoire assigne Bichot, son vendeur, en résiliation de la vente pour vices rédhibitoires dans l'animal qui en était l'objet.—Bichot soutint l'action non recevable, en ce qu'elle n'a été formée que plus de trente jours après la vente.—Rivoire réplique que le délai a dû courir non du jour de la vente, mais bien du jour de la livraison, et qu'ainsi il n'y avait pas encore d'échéance lorsque l'action fut formée.

27 avril 1826, jugement en dernier ressort du tribunal de Pontoise, qui déclare Rivoire non recevable, attendu qu'il n'avait pas intenté son action dans les trente jours qui avaient suivi la vente du 24 février ; --- il est à remarquer que ce jugement ne contient pas l'exposé du point de fait de la cause, mais qu'il porte la transcription de l'acte introductif d'instance, et des conclusions des parties à l'audience.

Pourvoi en cassation par Rivoire, 1° pour violation de l'article 141 Cod. proc., qui règle les formalités substancielles, en ce que le jugement attaqué ne contient pas l'exposé des faits ; 2°, 3°, 4°

violation de l'article 1648, Cod. civ., et de l'arrêt de règlement du parlement de Normandie de 1728. — Le tribunal disait : le demandeur en cassation fait partir du jour de la vente le délai accordé pour l'exercice de l'action rédhibitoire, tandis que, d'après les principes généraux du droit, il ne peut courir que du jour de la délivrance;—le demandeur invoque, sur ce point, la loi, ff., *de Ædil edict.* et le témoignage de Basnage, Denisart et Pothier, qui signalent à la vérité quelques différence entre les coutumes sur la durée du délai dans lequel on peut exercer cette action, mais qui reconnaissent unanimement qu'il ne peut courir que du jour de la délivrance de l'objet vendu; ce n'est qu'alors, en effet, que l'acheteur a pu en connaître les vices; la raison et les principes s'opposent donc à ce que l'acheteur puisse encourir quelque déchéance avant que d'avoir eu la faculté d'agir.

Le défendeur répond à ce dernier moyen en invoquant les principes du Code civil, d'après lesquels le consentement des deux parties, sur la chose et sur le prix, rend la vente parfaite entre elles, et met, dès ce moment, la chose aux périls et risques de l'acheteur, qui en devient propriétaire, quoiqu'elle n'est pas été livrée, ni le prix payé (art. 1138 et 1583), d'où il tire la conséquence que le délai de l'action rédhibitoire doit courir dès le jour de la vente.

ARRÊT.

La cour; — sur le 1er moyen: — attendu que les exploits d'ajournement, qui sont transcrits dans les qualités d'instance du jugement attaqué, contiennent une exposition sommaire et suffisante des points de fait de la cause ;

Sur le 2ᵉ moyen..., sur le 3ᵉ moyen..., sur le 4ᵉ moyen... : attendu que s'agissant d'une vente faite en foire le 24 février, le tribunal a pu reconnaître, en fait, que la vente avait été consommée ce jour-là, quoique, par un arrangement particulier, le cheval vendu fût resté à la charge du vendeur jusqu'au 18 mars, et qu'en calculant le délai fixé par l'arrêt de règlement du 30 janvier 1728, à compter du jour de la vente consommée, ce tribunal n'a violé ni ledit règlement, ni l'article 1648, Cod. civ. ; rejette, etc.

Du 17 mars 1829, Cod. civ., ch. civ. (Sirey, t. 29, 1, p. 139.)

VICE RÉDHIBITOIRE. — DÉLAI.

L'obligation d'intenter dans un bref délai, suivant l'usage des lieux, l'action en résiliation de la vente pour vices rédhibitoires, cesse-t-elle d'être applicable au cas où, lors de la vente, le vendeur s'est soumis expressément à cette action par une convention particulière ? (Cod. civ. 1648) (1).

L'action rédhibitoire est recevable, quoiqu'elle n'ait été intentée qu'après le délai fixé par l'usage des lieux, si avant l'expiration de ce délai l'acquéreur a fait constater le vice rédhibitoire par

____

(1) Un argument, dans le sens de l'affirmative, peut s'induire de l'un des considérans de l'arrêt.

des gens de l'art, et l'a dénoncé au vendeur. (Cod. civ. 1648.)

Gauthier C. Tourtat.

ARRÊT.

La Cour, considérant qu'il s'agit dans la cause de l'annulation de l'échange d'un cheval pour une jument, attendu que la jument était attaquée de la maladie de la morve, vice rédhibitoire; que l'on soutient l'action non recevable pour n'avoir pas été formée dans le délai de neuf jours, terme que l'usage du pays a consacré;

Considérant qu'outre la disposition légale qui autorise la demande en annulation du marché pour vice rédhibitoire, Tourtat, vendeur, s'y était soumis par une convention particulière et expresse; que huit jours après la vente ou échange, Gauthier a fait constater par un expert vétérinaire l'état de la jument malade, qui faisait présumer l'invasion de la morve, sans cependant pouvoir encore prononcer avec certitude qu'il a fait dénoncer de suite le procès-verbal au sieur Tourtat; que, s'il ne l'a pas fait assigner aussitôt, et s'il a attendu que la maladie fût confirmée et déclarée telle par une visite, Tourtat ne peut se plaindre d'un délai tout dans son intérêt; que le vœu de la loi a été rempli, dès qu'il a été averti légalement avant l'expiration du délai; dit qu'il a été mal jugé par le jugement qui déclare l'action non recevable, et faisant ce que les premiers juges auraient dû faire, condamne Tourtat à reprendre la jument par lui donnée en échange à Gauthier, etc.

Du 12 mars 1831. — Cour roy. de Bourges, 2ᵉ ch. (Sirey, t. 32, 2, 94.).

VICE RÉDHIBITOIRE. — USAGE. — DÉLAI.

Une commune placée autrefois dans le ressort d'un parlement où l'usage avait fixé à neuf jours le délai dans lequel devaient être intentées les actions rédhibitoires, continue à être régie par cet usage, bien que, par suite de la nouvelle division territoriale de la France qui eut lieu en 1789, cette commune se trouve incorporée à un territoire qui faisait partie du ressort d'un autre parlement où l'on suivait un usage différent. (Cod. civ. 1648.)

Sueur C. Nourtier.

Le 15 février 1832, Sueur achète de Nourtier une jument, moyennant 200 fr.; la vente eut lieu à Blangy, commune qui autrefois était comprise dans le ressort du parlement de Paris, mais qui aujourd'hui, et depuis la nouvelle division territoriale de la France en 1789, fait partie du ressort de la cour royale de Rouen.

Le 3 mars, Sueur, prétendant que la jument par lui achetée était atteinte d'un vice rédhibitoire, cite Nourtier pour qu'il ait à la reprendre et à en restituer le prix.

Nourtier oppose une fin de non recevoir, résultant de ce que l'action n'avait été intentée que seize jours après la vente, au lieu de l'être dans

les neuf jours, ainsi que le voulait l'usage établi dans le ressort du parlement de Paris, usage
suivi spécialement à Blangy.

Sueur répond que la commune de Blangy se
trouvant actuellement incorporée à un territoire
qui ressortissait au parlement de Rouen, c'est à
l'usage existant dans le ressort de ce département,
et non à celui existant dans le ressort du parlement
de Paris, qu'il faut recourir pour savoir si l'action
dont il s'agit a été intentée en temps utile. Or,
dit-il, un arrêt de règlement du parlement de
Rouen, du 30 janvier 1728, accorde 30 jours
pour former l'action rédhibitoire, dès-lors celle
que j'ai intentée ne l'a pas été tardivement.

12 avril 1832. Jugement en dernier ressort
du tribunal de Neuchâtel, qui accueille la fin de
non recevoir, et rejette en conséquence l'action
de Sueur.

Pourvoi en cassation pour violation et fausse
interprétation de l'art. 1648, Cod. civ.

ARRÊT.

La Cour; attendu que les usages sont d'une
autre catégorie que les lois; qu'ils sont perma-
nens de leur nature, parce qu'ils sont l'expression des intérêts et des besoins locaux; qu'ainsi
le délai de neuf jours accordé pour l'action rédhibitoire par la coutume de Paris, dans le ressort
de laquelle la commune de Blangy avait été
placée, n'a pu, depuis sa distraction de ce ressort, être changé d'après d'autres usages qui ne
sont pas les siens; qu'en la maintenant dans ce-

lui qui est observé chez elle de temps immémorial, le jugement attaqué a fait une juste application de l'art. 1648 du Code civil ; rejette, etc.

Du 13 décembre 1832. (Sirey, t. 33, 1re p., 198).

VICE RÉDHIBITOIRE. — ACTION RÉCURSOIRE. — DÉLAI.

(Action récursoire). En matière de vices rédhibitoires, l'action récursoire du premier acheteur, assigné par un second acheteur, doit, à peine de déchéance, être intentée contre le premier vendeur dans le délai fixé par l'usage des lieux pour la durée de l'action rédhibitoire ; il ne suffirait pas qu'avant l'expiration de ce délai le vice rédhibitoire eût été constaté par un procès-verbal. (Cod. civ. 1648.)

De la Boulaye *C.* Pineau.

Le 2 avril 1830, le sieur de la Boulaye vendit au sieur Perrault-Deschamps une jument que celui-ci revendit le 21 du même mois au sieur Pineau. Le 29 avril, Pineau fait constater par un procès-verbal que la jument est atteinte de la pousse, et en même temps il assigne Perrault à fin de résiliation de la vente ; le 7 mai suivant, Perrault dénonce à de la Boulaye, son vendeur, l'assignation qui lui a été donnée, et l'appelle en garantie.

De la Boulaye, se fondant sur ce que plus de trente jours, du 2 avril au 7 mai, s'étaient écoulés depuis la vente par lui faite, sans qu'aucune réclamation eût été élevée contre lui, soutient que la demande est tardive, d'après les réglemens locaux, qui n'accordent que trente jours pour intenter l'action rédhibitoire.

3 juin 1830, jugement du tribunal de Saumur, ainsi conçu : « Attendu que le sieur Perrault, en achetant du sieur de la Boulaye la jument le 2 avril, avait 30 jours, suivant l'usage de Normandie, pour reconnaître le vice de la jument vendue ; — Attendu que le procès-verbal rédigé le 29 avril, enregistré le même jour, a empêché la péremption de l'action du sieur Perrault ; que ce procès-verbal est une présomption que la jument était atteinte du vice rédhibitoire reproché, au moment de la vente, sauf la preuve contraire, qui n'est pas offerte ; — le tribunal, faisant droit sur l'action en garantie, condamne le sieur de Boulaye à garantir et indemniser le sieur Perrault.

Pourvoi en cassation par le sieur de la Boulaye, pour violation des art. 1641 et 1648, Code civ., et de l'arrêt de réglement du parlement de Normandie, du 30 janvier 1728.—C'est un point constant et reconnu, que le jugement lui-même, dit le demandeur, qu'en Normandie, l'action pour vice rédhibitoire doit être intentée dans les trente jours de la vente ; c'est un point non constant que, dans l'espèce, un laps de trente-six jours s'était écoulé depuis la vente lors de l'action dirigée contre le sieur de la Boulaye ; la conséquence nécessaire était que cette action se trouvait tardive, cependant le tribunal la déclare recevable, et cela sous prétexte qu'un procès-verbal constatant le vice rédhibitoire, procès-verbal auquel le sieur de la Boulaye se trouvait tout-à-fait étranger, avait été dressé avant l'expiration des trente jours; mais qu'importe cette circonstance? le but de la loi n'est pas rempli par des diligences qui ne mettent point le vendeur à même de vérifier ou de faire vérifier immédiatement et contradictoirement l'état de l'animal vendu. Or, c'est précisément en raison du danger des retards en pareille matière qu'un bref délai est fixé; il faut que le vendeur puisse vérifier lui-même les véritables causes de la maladie, et surtout celles qui ont pu survenir depuis la vente et dont quelques jours de plus ou de moins peuvent faire disparaître les traces et les indices; le procès-verbal dressé dans l'espèce n'avait donc pu conserver le droit du sieur Perrault contre le sieur de la Boulaye; la loi exige une action exercée et non un procès-verbal dressé, et cette action doit, à l'égard du premier vendeur, être celle de son acheteur; celle intentée par un second acheteur contre le second vendeur est sans effet vis-à-vis du premier vendeur, attendu que cette dernière action est étrangère à la première vente; on peut d'autant moins invoquer un supplément de délai pour l'action récursoire à la suite de l'action principale, que la la loi ne fait aucune espèce de distinction; or, cela ne peut être l'effet d'un oubli, car le législateur savait fort bien que la matière était une de celles où presque toujours il y aurait des actions en garanties successives à intenter, et cependant il a voulu que, dans tous les cas, et sans exceptions, l'action intentée contre un vendeur le fût dans le délai fixé par l'usage des lieux.

Le défendeur répond que le vœu de la loi est que le vice soit constaté dans les délais déterminés, et non l'action formée; ce qui, dans le cas de plusieurs ventes successives, deviendrait souvent impossible; qu'en effet, le procès est fait à la chose vendue et non à la personne, que, dans l'espèce, le but de la loi avait été rempli, puisque le procès-verbal constatant l'existence du vice rédhibitoire avait été dressé avant l'expiration du délai légal.

ARRÊT.

La Cour; — vu l'article 1648 Cod. civ., et l'arrêt du 30 janvier 1728; attendu que le législateur a voulu, dans l'intérêt du commerce, que l'action résultant des vices rédhibitoires fût intentée par l'acquéreur dans un bref délai; que le délai se règle d'après la nature des vices rédhibitoires et l'usage du lieu où la vente a été faite; qu'en Normandie, ce délai était de trente jours, aux termes d'un arrêt du 30 janvier 1728; que la loi ne distinguant pas entre l'action principale et récursoire, l'une comme l'autre doivent être dirigées contre le premier vendeur, dans le délai fixé par la coutume, l'usage du lieu de la vente, ou les règlemens intervenus à ce sujet; que, dans l'espèce, si le vice a été constaté à l'occasion d'une vente faite en Normandie, avant l'expiration des trente jours, l'action récursoire en résultant n'a été exercée contre le premier vendeur qu'après l'expiration de ce délai ; que, dès-lors, elle ne l'a pas été en temps utile ; qu'en décidant le contraire, le jugement attaqué a expressément violé la loi précitée; — Casse ; etc.

Du 18 mars 1833. — Ch. civ. — Cass. (Sirey, t. 33, 1; p. 277 et 278) (1).

GAZETTE DES TRIBUNAUX DE COMMERCE,
(30 mai 1830, — n. 350).

Vente de cheval. — Vice rédhibitoire. — Nullité de la vente. — Garantie. — Incompétence.

Lorsque la vente d'un cheval a été annulée pour vice rédhibitoire, le vendeur a-t-il le droit d'appeler en garantie celui dont il a primitivement acheté le cheval, encore bien que le vice rédhibitoire pour lequel la seconde vente a été résiliée ne soit pas reconnue comme tel dans le lieu où le premier achat a été fait ? (non rés.)

Le vendeur, appelé en garantie devant un autre tribunal que celui de son domicile , peut-on opposer l'incompétence du tribunal saisi de la demande originaire, s'il résulte des circonstances de la cause que cette demande n'a été formée que pour le distraire de ses juges naturels? (Rés. aff.).

Quoique la première de ces questions n'ait point été résolue par la cour, comme d'ailleurs elle résulte du procès dont les détails vont suivre, nous avons cru devoir la poser en tête de cet article pour la signaler à nos lecteurs

(1) Arrêt dans le même sens, du 19 mars 1833, ch. civ.
(Ibid.)

8*

comme une difficulté importante et de nature à se reproduire fréquemment dans les ventes de chevaux.

Le sieur Pillas, propriétaire à Sedan (Ardennes), avait vendu un cheval au sieur Guerin, marchand de chevaux à Paris, moyennant 350 fr. Guerin revendit ce même cheval au sieur Ernoult, autre marchand de chevaux à Paris, 380 fr. ; ce cheval était atteint de sifflage ou cornage, vice qualifié rédhibitoire dans le ressort du tribunal de commerce de Paris, mais qui n'est point considéré comme tel suivant la coutume de Sedan. Ernoult, après avoir constaté ce défaut, assigna devant le tribunal de commerce de Paris, en résiliation de la vente, le sieur Guerin, qui de son côté s'empressa d'appeler en garantie devant le même tribunal le sieur Pillas, son vendeur.

Celui-ci déclara l'incompétence du tribunal, mais son exception fut rejetée par jugement du 9 avril 1829, ainsi motivé :

Attendu que la demande en garantie devait suivre le sort de la demande principale ;

Le tribunal déboute le sieur Pillas du renvoi par lui proposé , etc.

Et le 23 du même mois, nouveau jugement qui statue au fond, sur la demande principale d'Ernoult et sur celle en garantie de Guerin.

Sur la demande pricipale :

Attendu qu'il résulte des plaidoiries et des pièces produites au procès que le sieur Ernoult a acheté du sieur Guerin le cheval dont il s'agit pour la somme convenue de 380 fr.; qu'il a fait légalement constater que ce cheval était atteint d'un vice rédhibitoire , et qu'ainsi il demande la résiliation du marché ;

Condamne le sieur Guerin à reprendre le cheval et à restituer au sieur Ernoult la somme de 380 fr. avec les intérêts suivant la loi, à quoi faire sera contraint par toutes les voies de droit, même par corps, etc.;

Sur la demande en garantie :

Attendu qu'il est bien constant que le sieur Pillas a vendu au sieur Guerin le cheval dont il s'agit; condamne Pillas à restituer au sieur Guerin la somme de 380 fr. qu'il a reçue de lui par toutes les voies de droit et même par corps, etc.

Comme on le pense bien, le sieur Pillas s'empressa d'interjeter appel du jugement qui avait rejeté son exception.

Me Paillet, son avocat, a dit à la cour que son client avait le plus grand intérêt a être renvoyé devant le tribunal de son domicile, car , suivant la coutume de Sedan, le cornage ou sifflage n'est point un vice rédhibitoire; qu'ainsi, à son égard, la vente doit être maintenue ; que, dans tous les cas , et pour se renfermer uniquement dans la question d e compétence aujourd'hui soumise à la cour, le tribunal de commerce de Paris était doublement incompétent à raison de la personne, car le sieur Pillas n'est point commerçant, et surtout à raison de la matière, car la vente d'un cheval , faite par un propriétaire à un marchand de chevaux , ne constitue point un acte de commerce; Me Paillet signala, en terminant, quelques circonstances qui prouvent que les sieurs Guerin et Ernoult ont agi de concert pour attirer le sieur Pillas devant le tribunal de commerce de Paris et le distraire de ses juges naturels.

Me Sulpicy, pour soutenir le jugement attaqué, a développé dans toute son étendue le principe général posé par les premiers juges. Laissant de côté la question du fond, celle de savoir s'il y avait lieu ou non à garantie, l'avocat se préparait à examiner les circonstances sur lesquelles on voulait établir la connivence des sieurs Guerin et Ernoult, lorsque M. le président a déclaré que la cause était entendue.

M. l'avocat-général Bayeux a pensé que les circonstances signalées par l'appelant prouvaient réellement que les sieurs Guerin et Ernoult s'étaient entendus pour distraire le sieur Pillas de ses juges naturels; il a conclu à l'infirmation du jugement et à la disposition de l'application finale de l'art. 181 du Code de procédure civ.

Conformément à ces conclusions, la Cour a rendu l'arrêt suivant :

Attendu qu'il résulte des faits et circonstances de la cause que la demande originaire n'a été formée que pour distraire le sieur Pillas de ses juges naturels;

Met l'appellation et ce dont est appel au néant; dit qu'il a été incompétemment jugé, renvoie les parties devant qui de droit...

GAZETTE DES TRIBUNAUX DU 14 AVRIL 1836,
N° 3324.

Action rédhibitoire.— Grains semés en terre.— Non levés.

Un vendeur de grains destinés a être semés, peut-il être attaqué par l'action rédhibitoire, si les grains jetés en terre n'ont pas levé?

MM. Fauvet et Marjolin, cultivateurs aux Batignolles, soutenaient l'affirmative de cette question contre M. Capron, grainetier, à qui ils avaient acheté, l'un sept setiers, l'autre quatre, pour semer en avoine de Champagne, l'un six arpens, l'autre dix, lesquels étaient restés stériles ; et le tribunal de première instance de Paris, considérant comme établi, d'une part, que l'avoine était de mauvaise qualité ; d'autre part, que M. Capron en ignorait le vice, n'avait condamné ce dernier qu'à la restitution à M. Marjolin des 96 francs qu'il avait reçus pour prix de son avoine : libérant le sieur Fauvet des 166 francs qu'il devait au sieur Capron pour le même objet.

Ce dernier, moins pour l'importance de ces condamnations que pour n'être pas indéfiniment reconnu responsable envers les nombreux chalands qui pourraient présenter contre lui les mêmes plaintes, a interjeté appel. Il n'était pas prouvé, selon lui, que l'avoine vendue eût eu la destination d'ensemencer des terres, et qu'il eût connu cette destination : il n'était pas davantage établi que l'avoine semée par Marjolin et Fauvet fût précisément celle vendue par Capron, et puis il dépend quelquefois de la manière de semer de faire produire plus ou moins à la terre. Enfin, un auteur moderne a examiné en droit la question de garantie dans le cas présent, et il la résout pour la négative en faveur du marchand. Me Baroche, avocat de M. Capron, cite en effet le passage de l'auteur qu'il invoque.

M. le premier président Séguier : Ne nous citez pas les auteurs vivans, ils contredisent souvent le lendemain ce qu'ils ont écrit la veille.

MM. Marjolin et Fauvet ayant, par l'organe de Me Delarue, leur avoué, produit plusieurs certificats attestant que divers cultivateurs, qui s'étaient fournis chez M. Capron, avaient été aussi mal traités qu'eux-mêmes, la Cour, adoptant les motifs des premiers juges, a confirmé leur décision.

COUR ROYALE DE PARIS (7 mars 1837).

Lorsque le tribunal de commerce est incompétent, à raison de la matière, pour connaître par voie principale d'une vente faite par un individu non commerçant, il est également incompétent pour en connaître par voie récursoire de garantie. C. proc. 181 , 424 (1).

En l'absence de conventions particulières dans les ventes de chevaux, le délai pour les vices rédhibitoires court, non du jour de la vente, mais seulement du jour de la livraison (Rés. par le tribunal de commerce seulement.) (2).

(1) V. Conf. Jousse, Comment., ordon. de 1667 ; Carré, Organ. jud., t. 2, p. 608 ; Paris, 14 juillet 1825.

(2) V. sur cette question, Cass., 17 mars 1820.

Hervieu *C*. Rivière.

Le sieur Hervieu, habitant de la campagne du Neubourg (Eure), vendit le 10 mars 1836 , en champ de foire, au sieur Legay , marchand du pays, un cheval qu'il avait élevé. Le marché terminé , l'acheteur pria Hervieu de garder le cheval chez lui pendant quelques jours. Bientôt une revente eut lieu de Legay à Rivière, *marchand de Paris*. Le cheval fut emmené le 24 mars; et jusqu'au 29 il demeura en la possession du second acquéreur, sans aucune réclamation de la part de celui-ci. Une troisième cession eut lieu. Un marchand de son de Montrouge, le sieur Bréton, achète le cheval de Rivière ; mais bientôt il s'aperçoit que l'animal est atteint du *sifflage*, et forme à raison de ce vice rédhibitoire, le 2 avril, une action en résolution de la vente contre Rivière , devant le tribunal de commerce de Paris. Le 11, Hervieu est assigné en garantie par Rivière. Il se défend en soutenant 1° que le tribunal de commerce est incompétent à son égard, parce qu'il n'est pas commerçant, et que de plus il n'est pas domicilié à Paris ; 2° qu'il a traité avec Rivière et non avec Legay ; 3° que l'action est tardivement introduite, puisque la vente ayant eu lieu le 10 mars , cette action devait être intentée dans les trente jours, aux termes du règlement de 1728 du parlement de Normandie.

Le 12 août 1836, jugement qui repousse ce système.

« Attendu la connexité, le tribunal joint les causes; statuant sur le tout par un seul et même jugement;

» En ce qui touche la demande principale de Bréton contre Rivière : — Attendu que l'expert nommé par le président sur la demande de Bréton, pour faire constater l'état du cheval qui lui avait été vendu par Rivière, a reconnu que ce cheval était atteint de la maladie du cornage, maladie rangée dans la catégorie des vices rédhibitoires ; — Attendu que la demande formée par Bréton contre Rivière l'a été dans les délais voulus par la loi ; — Par ces motifs, le tribunal résilie la vente du cheval dont il s'agit, ordonne que Rivière sera tenu de le reprendre, et le condamne à restituer à Bréton la somme de 677 fr. qu'il a reçue, avec les intérêts suivant la loi ; plus, les frais de fourrière, à raison de 2 francs par jour, depuis le 29 mars dernier, jour de la vente, jusqu'à celui où le cheval sera repris ou vendu ;

» En ce qui touche la demande en garantie de Rivière contre Hervieu :

» Statuant sur le déclinatoire ; — Attendu qu'aux termes de l'art. 181 C. proc. civ., l'appelé en garantie est tenu de procéder devant le tribunal saisi de la demande principale, et que le deuxième paragraphe dudit article ne peut être appliqué à Hervieu, qui ne justifie nullement de ses allégations; — Par ces motifs, le tribunal déboute Hervieu du renvoi par lui requis ;

Au fond : attendu que le cheval vendu par Hervieu à Rivière est bien le même que celui vendu par Rivière à Bréton; — Attendu que le 'prix du cheval a été débattu et arrêté le 10 mars entre Hervieu et Legay, chargé d'acheter pour le compte de Rivière; — Attendu que ce n'est que le 24 du même mois que le cheval a été livré à Rivière par Hervieu lui-même, qui en a reçu le montant des mains de ce dernier; — Attendu que si, lors de la vente faite, il n'a pas été fait de conventions particulières entre les parties, l'équité veut que ce ne soit que du jour de la livraison que l'acheteur puisse acquérir la preuve que la chose achetée avait des vices cachés; — Attendu que la demande de Rivière contre Hervieu a été formée dans les délais voulus par les usages dans la Normandie.

» Par ces motifs, le tribunal condamne Hervieu à garantir et indemniser Rivière, en principal, intérêts et frais, des condamnations ci-dessus prononcées au profit de Bréton, mais jusqu'à concurrence de 605 fr. seulement, prix dudit cheval; à satisfaire à ce que dessus sera Hervieu contraint par les voies de droit, et condamne Hervieu aux dépens. »

Appel. — Sur le moyen d'incompétence, on disait : En principe, c'est le fait qui détermine la compétence; l'appelant, en vendant son cheval, a fait un acte civil ordinaire; or, la loi du 24 août 1790, institutive des juridictions, dit formellement que les tribunaux civils connaîtront de toutes les affaires personnelles. Voilà ce qui constitue la compétence du tribunal civil.—Après avoir établi que le propriétaire qui vend un cheval ne fait pas un acte de commerce, et que par suite le tribunal de commerce est incompétent pour connaître des contestations qui peuvent s'élever à l'occasion de ce marché, l'appelant examinait l'objection tirée de l'art. 181 C. proc. civ. La question, disait-il, est de savoir si cet article a pour objet de déroger aux règles de la compétence, à raison de la matière?

Non évidemment : car les tribunaux civils sont toujours compétens à raison de matière pour connaître des actions personnelles et mobilières en tre particuliers. Cet article ne permet donc d'appeler en garantie un individu devant un tribunal autre que le sien que lorsque ce tribunal serait incompétent à raison du domicile de la personne seulement. Le dernier paragraphe de cet article l'indique clairement encore, en disant que, s'il apparaît de l'évidence du fait que la demande originaire a été formée pour traduire le garant hors de son tribunal, il y sera renvoyé : pour renvoyer quelqu'un devant son tribunal, il faut supposer en effet qu'il a été attaqué devant celui d'un lieu autre que le sien ; c'est-à-dire hors du tribunal de son domicile.

Il ne sagit donc bien ici que d'incompétence à raison de la personne et non de la matière ; or, la différence est immense entre ces deux sortes d'incompétence : sur cette distinction repose toute l'organisation et la compétence des différens tribunaux. On conçoit donc que le législateur ait permis, pour simplifier la procédure, de citer devant un tribunal de même nature, quel que soit le domicile du défendeur; mais il n'a pas été dans ce but jusqu'à changer la nature et l'ordre de la juridiction. Assigner en garantie ou autrement devant un tribunal dont l'organisation et les attributions sont toutes différentes de celles des tribunaux ordinaires, c'est donc violer les règles fondamentales de toute compétence.

Enfin il n'est pas permis d'appliquer, surtout contre toute espèce d'analogie, une loi générale, lorsqu'il existe, comme dans l'espèce, une disposition spéciale pour la procédure devant les tribunaux de commerce: c'est l'art. 424 C. proc. Il porte que, si le tribunal de commerce est incompétent à raison de la matière, il renverra les parties, en core que le déclinatoire n'ait pas été proposé. Ces termes de la loi sont impératifs, absolus.

Telle était, au surplus, l'opinion des anciens auteurs. Jousse donne un exemple d'une application frappante à l'espèce.

« Un bourgeois vend un cheval à un marchand de chevaux; ce marchand le revend à un maquignon; celui-ci fait assigner le marchand devant les juges consuls, et ce marchand appelle en garantie le vendeur, qui décline la compétence du tribunal.

» Les juges consuls ne peuvent se dispenser de renvoyer la demande en garantie devant les juges du bourgeois, qui demande son renvoi, et ils doivent connaître seulement de la demande originaire. »

On invoquait enfin l'autorité de M. Carré, *Organ. jud.*, t. 2, p. 603.

L'intimé répondait que l'art. 181 était applicable, non pas même par analogie, mais par nécessité, aucune autre disposition ne se présentant dans l'espèce. Il ajoutait que l'art. 424 supposait une action directe ; enfin il soutenait qu'un non commerçant, caution d'une obligation commerciale, était nécessairement justiciable des tribunaux consulaires.

Du 7 mars 1837, arrêt Cour roy., Paris, 2e ch., MM. Hardouin présid., Delapalme av.-gén. (concl. conf.), Langlois et Liouville, av.

La Cour; — considérant que la vente faite par Hervieu, propriétaire, ne constituant point un acte de commerce, toutes les actions auxquelles ce marché peut donner lieu contre lui doivent être portées devant la juridiction ordinaire ; que la disposition de l'art. 181, C. proc. civ., ne saurait déroger au principe qui veut que *nul ne soit distrait de ses juges naturels*, ni à cette règle posée dans l'art. 424 du même Code, d'après laquelle les tribunaux de commerce doivent prononcer d'office le renvoi lorsque l'incompétence existe à raison de la matière ;

A mis et met le jugement du 12 août 1836 au néant, comme nul et incompétemment rendu, renvoie la cause et les parties devant les juges qui doivent en connaître, etc. »

(*Journal du Palais*, p. 221. Cour royale de Paris, 7 mars 1837.)

' La Cour royale de Paris vient de rendre un arrêt qui intéresse vivement les propriétaires et les cultivateurs, particulièrement ceux de la Normandie et des autres parties de la France où se font des ventes de chevaux : elle a décidé, sur les plaidoiries de Me Langlois, avocat du sieur Hervieu de Combon (Eure), et malgré les efforts de Me Lionville, que le sieur Rivière, marchand de chevaux à Paris, n'avait pas eu le droit d'assigner en garantie, devant le tribunal de commerce de la Seine, M. Hervieu, sous le prétexte que le cheval vendu par celui-ci était atteint de vice rédhibitoire, et qu'il n'avait pu distraire M. Hervieu de ses juges naturels, le tribunal civil de son domicile (Bernay).

Cet arrêt mettra un terme, il faut l'espérer, à l'abus devenu si commun de la part des marchands de chevaux de Paris, d'appeler, le plus souvent par spéculation, les agriculteurs de toutes les provinces devant le tribunal de commerce de Paris. Cette espèce de centralisation judiciaire de bas étage était un moyen d'imposer des remises plus ou moins fortes aux braves cultivateurs, qui, redoutant de venir plaider à la capitale, faisaient souvent d'énormes pertes sur leurs ventes ; la centralisation administrative, dont les citoyens sont toujours tributaires, est déjà assez onéreuse sans y ajouter celle-là. (*Journal du Peuple*, no 11, 12 mars 1837).

CHAPITRE VI.

DE LA COMPÉTENCE.

Pour les ventes et achats de chevaux et de bestiaux, et les contestations relatives aux vices rédhibitoires, devant quels juges les actions doivent-elles être intentées? Il y a trois juridictions; c'est la qualité des parties et le prix de la vente qui déterminent la compétence.

§ 1er. *De la justice de paix.*

Si le prix de la vente n'excède pas cent francs, que les parties ne soient pas marchandes, le juge de paix est compétent pour en connaître (1).

Il en est de même, si la vente a été faite par un marchand à un particulier non marchand (2); la citation est donnée devant le juge de paix du défendeur (3).

Le juge de paix connaît également des vices rédhibitoires, lorsque la quotité du prix de vente n'excède pas cent francs.

Le résultat de l'action rédhibitoire est que,

(1) Le juge de paix prononcera en dernier ressort, si le prix ne s'élève pas au-dessus de cinquante francs, et en premier ressort jusqu'à la valeur de cent francs, à la charge d'appel; l'appel est porté au tribunal de première instance. (Loi du 24 août 1790, titre III, art. 16.)

(2) Arrêt de la Cour royale de Metz, du 19 avril 1825. Voyez page 152. -

(3) (Article 2 du Code de procédure civile.) En matière purement personnelle ou mobilière, la citation sera donnée devant le juge du domicile du défendeur; s'il n'a pas de domicile, devant le juge de sa résidence.

après avoir fait constater s'il existe des vices par procès-verbal de maréchal-expert ou d'un vétérinaire pour expert, commis par ordonnance du juge de paix, obtenue sur requête à lui présentée, et après le serment et l'affirmation du procès-verbal, s'il n'en est dispensé, le vendeur est condamné à reprendre l'animal qu'il a vendu, s'il existe encore, et à rendre la somme reçue, plus, aux frais et dépens.

Si le vendeur est reconnu avoir été de mauvaise foi, et avoir causé à l'acheteur un dommage plus ou moins considérable, il est, en outre, condamné à l'indemnité de ce dommage, comme au cas où, ayant vendu une bête atteinte d'un mal contagieux, il aurait occasioné la perte de tout un troupeau (art. 1645 Cod. civ.)

Si l'animal vient à périr, il faut présenter requête au juge de paix, qui rend son ordonnance par laquelle il nomme un maréchal-expert ou un artiste vétérinaire pour, après le serment prêté ou dispensé, rédiger le procès-verbal de visite de l'animal, des signes de sa maladie et des causes de sa mort, immédiatement assigner son vendeur en restitution du prix et à fin de dommages-intérêts.

Quand la chose achetée a péri par suite des vices ou de la mauvaise qualité qu'elle avait dès l'instant de la vente, la perte est pour le vendeur, lequel est tenu, envers l'acheteur, à la restitution du prix, et de plus au dédommagement des torts et préjudices (art. 1647 Cod. civ.)

En règle générale, on est non recevable à intenter action pour vices rédhibitoires pour les ventes faites par autorité de justice.

§ 2. *Du tribunal de première instance.*

Lorsque le prix de la vente excède cent francs et que l'une des parties n'est pas marchande, d'après les mêmes observations qui précèdent, la compétence appartient au tribunal de première instance, après avoir tenté préalablement la voie de conciliation devant le juge de paix du domicile du défendeur (1), ensuite donné copie du procès-verbal de non conciliation, avec assignation devant le tribunal, en observant les formalités prescrites au titre des ajournemens (2).

Pour constater les vices rédhibitoires, le président du tribunal commet par ordonnance un homme de l'art, lequel, après avoir prêté serment, s'il n'en est pas dispensé), procède à la visite de l'animal et rédige procès-verbal (3).

Le président peut permettre d'en venir à bref délai, sur requête à lui présentée, d'après l'exposé des faits. Si les cas requièrent célérité, on est dispensé du préliminaire de conciliation (4).

Les jugemens sont sujets à appel au-dessus de mille francs.

(1) Art. 50, n° 1, du Code de pr. civ.
(2) Titre II, art. 59 et suivans. Ibid.
(3) On observe que si l'expert ne prête pas serment, il doit faire un rapport circonstancié de l'état et du genre de maladie de l'animal, et l'affirmer devant le juge qui l'a commis.
(4) Art. 49 du Code de pr. civ.

§ 3. *Du tribunal de commerce.*

La vente qui a lieu entre deux individus faisant respectivement le commerce de chevaux ou bestiaux, achetant et vendant; alors s'agissant de l'exécution d'un acte de commerce, c'est devant les juges de commerce que l'assignation doit être donnée; la traduction a lieu pour toutes sommes sans distinction.

Conformément à l'art. 420 du Code de procédure civile, le demandeur a le choix d'assigner devant le tribunal du domicile du défendeur;

Devant celui dans l'arrondissement duquel la promesse a été faite et la marchandise livrée;

Devant celui dans l'arrondissement duquel le paiement devait être effectué.

Si le défendeur est marchand, le tribunal de commerce est compétent, lorsqu'il s'agit d'achats d'objets de son commerce.

D'après l'art. 632 du Code de commerce, la cour royale de Metz a, par arrêt du 19 avril 1823 (Voy. p. 152), décidé en principe qu'un marchand ne peut, même à l'occasion d'une vente par lui faite d'objets de son commerce, être appelé devant le tribunal de commerce par un non commerçant.

Il en serait autrement, si le vendeur et l'acheteur étaient tous deux marchands, dans ce cas, le tribunal de commerce est compétent, ainsi qu'il est dit et expliqué ci-dessus.

Le marchand qui a fait achat de bestiaux pour son commerce est justiciable du tribunal de commerce pour raison du prix de l'achat.

A l'effet de faire constater le vice rédhibitoire dont on prétend que l'animal est atteint, il faut s'adresser, pour faire nommer l'expert, au président du tribunalcompétent pour juger.

Dispositions applicables aux trois juridictions.

L'action rédhibitoire doit être intentée dans le délai, suivant la nature du vice et l'usage du lieu où la vente a été faite (pour obtenir le délai, se reporter au tableau, page 97).

L'action en recours doit être intentée dans le même délai; l'individu qui avait lui-même acheté l'animal pour lequel il est actionné, devait s'assurer des qualités de l'animal lorsqu'il était en sa possession, et avant de le transmertre à un autre, faute de quoi il est déchu de tout recours.

(Garantie.) En matière de commerce, comme en matière civile, le juge de l'action principale est le juge de l'action en garantie (cour royale de Rouen, 30 août 1813. Sirey, t. 16, 2ᵉ partie, page 101).

Nous pensons que pour rendre des jugemens sur les procès-verbaux qui constatent les vices rédhibitoires, il est de nécessité indispensable que ces procès-verbaux aient été affirmés; cela est de toute justesse pour motiver une condamnation; il en est de même sur d'autres matières. Voyez le décret du 18 août 1810, sur les contraventions en matière de grande voirie, de poids des voitures et de police sur le roulage ci-après.

N° 5873. Décret *relatif au mode de constater les contraventions en matière de grande voirie, de poids des voitures et de police sur le roulage.*

Au Palais de St-Cloud, le 8 août 1810.

NAPOLEON, etc.;

Sur le rapport de notre ministre de l'intérieur;

Considérant qu'il importe de multiplier les moyens de constater et de poursuivre les contraventions en matière de grande voirie, de poids des voitures et de roulage;

Considérant qu'il résulte des termes des articles 32 et 41 de notre décret du 23 juin 1806, rapprochés de ceux de l'article 2 de la loi du 29 floréal an x, que les procès-verbaux dressés par les fonctionnaires publics qui en ont reçu l'attribution par l'article 2 de la loi du 29 floréal, doivent être affirmés; que d'après tous les principes, cette affirmation est indispensable pour que les procès-verbaux puissent motiver une condamnation;

Notre conseil d'état entendu,

Nous avons décrété et décrétons ce qui suit :

Art. 1er Les préposés aux droits réunis et aux octrois seront à l'avenir appelés concurremment avec les fonctionnaires publics désignés en l'art. 2 de la loi du 29 floréal an x, à constater les contraventions en matière de grande voirie, de poids des voitures et de police sur le roulage.

Art. 2. Les préposés ci-dessus désignés, ainsi que les fonctionnaires publics désignés en l'art.

2 de la loi du 29 floréal an x, seront tenus d'affirmer devant le juge de paix les procès-verbaux qu'ils seront dans le cas de rédiger, lesquels ne pourront autrement faire foi et motiver une condamnation.

Art. 3. L'arrêté du conseil de préfecture du département de Sambre-et-Meuse, du 5 avril 1810, pris en matière de grande voirie, contradictoirement à un arrêté du 7 mars, est maintenu.

Art. 4. Notre ministre de l'intérieur est chargé de l'exécution du présent décret, qui sera inséré au Bulletin des lois.

Nota. Cette formalité pour les affirmations est exigée pour les procès-verbaux des gardes champêtres et forestiers, à peine de nullité; il doit donc en être de même pour les experts-vétérinaires ou gens de l'art, nommés par les juges, pour la constatation des vices rédhibitoires, et ainsi que nous l'avons dit, motiver une condamnation.

QUATRIÈME PARTIE.

**DISPOSITIONS LÉGISLATIVES
RELATIVES AUX MALADIES ÉPIDÉMIQUES ET ÉPIZOOTIQUES
DES BESTIAUX ET ANIMAUX DOMESTIQUES.**

CHAPITRE VII.

Contenant les arrêts du conseil, décrets, lois, arrêtés et ordonnances, les instructions ministérielles, etc.

N° **2240.**—*Arrêt du conseil, contenant des mesures contre les maladies épizootiques* (1).

Versailles, 10 avril 1714.

Le roi ayant été informé que dans les lieux du royaume où les bestiaux sont attaqués de maladies , la plupart des propriétaires abandonnent dans la campagne et sur les chemins ceux qui meurent, après en avoir fait arracher et enlever les peaux; et S. M. voulant prévenir le mal qui pourrait en arriver; ouï le rapport du sieur Desmaretz, conseiller ordinaire au conseil royal, contrôleur-général des finances; S. M. étant en son conseil, a ordonné et ordonne que

(1) En vigueur. V. ordonnance du 27 janvier 1815.

tous les propriétaires des bœufs, vaches, moutons, brebis, agneaux, chèvres, boucs et autres bestiaux qui viendront à mourir, soit dans leurs maisons ou à la campagne, seront tenus de les faire mettre sur-le-champ dans la terre jusqu'à trois pieds de profondeur, sans pouvoir en prendre ni enlever les peaux, sous quelque prétexte que ce soit; le tout à peine de cent livres d'amende pour chaque contravention, applicable moitié au dénonciateur, et l'autre au profit de l'hôpital le plus prochain, et de peines afflictives en cas de récidive, sans préjudice de l'amende, qui sera de deux cent livres, applicables comme dessus. Enjoint S. M. aux sieurs intendans et commissaires départis dans les provinces et généralités du royaume, et à tous officiers royaux ou autres, de tenir la main à l'exécution du présent arrêt.

N° 605. — *Arrêt du parlement de Paris, concernant la contagion des bestiaux* (1).

Paris, 24 mars 1745.

Art. 1er. Ordonne que dans les lieux où la maladie des bœufs, vaches et veaux a commencé de se faire sentir, les officiers, soit du roi, soit des seigneurs hauts-justiciers, auxquels la police appartient, chacun dans leur territoire, même les syndics des communautés, en cas d'absence desdits officiers, seront tenus de pren-

(1) En vigueur. V. l'arrêté du 25 messidor an v, et l'ordonn. du 27 janvier 1815.

dre des déclarations exactes des bœufs , vaches
et veaux de chaque particulier et de les faire visiter par personnes à ce intelligentes , deux fois
la semaine au moins , le tout sans frais,
pour connaître s'il n'y a pas de bêtes infectées
de maladie ; enjoint à tous ceux qui ont ou qui
auront du bétail malade, de le déclarer inconti-
nent auxdits officiers, à peine de cent livres
d'amende contre chaque contrevenant, pour être
les bêtes malades séparées de celles qui seront
saines, et mises dans d'autres écuries , étables
et lieux ; qu'en cas que le bétail malade puisse
être conduit au pâturage , il soit mis à la garde
d'un pâtre, qui sera choisi par la communauté,
qui ne pourra conduire le bétail que dans les
cantons et lieux qui seront indiqués par lesdits
officiers, à peine de punition corporelle et de
tous dommages et intérêts dont la communauté
demeurera responsable.

Art. 2. Fait défense aux communautés qui ont
des droits de parcours ou d'usages sur les ter-
ritoires voisins, de les exercer dès le moment
qu'il y aura dans ladite communauté des bêtes
atteintes de maladie, à peine par les habitans
des communautés contrevenantes de répondre
solidairement de tous dommages et intérêts, et
civilement du fait de leur pâtre.

Art. 3. Fait pareillement défense à toutes
personnes de conduire des bœufs, vaches ou
veaux des bailliages et lieux où la maladie est répandue, pour les vendre dans d'autres bailliages
et lieux ; à cet effet, ordonne que lesdits bœufs,

vaches et veaux ne puissent être vendus qu'après que ceux qui les conduisent auront préalablement représenté aux juges des lieux où la vente en sera faite, un certificat des officiers du lieu d'où lesdits bœufs, vaches ou veaux auront été amenés, portant qu'il n'y a point de maladie dans ledit lieu sur lesdits bestiaux, ni à trois lieues au moins à la ronde; lequel certificat sera visé par ledit juge sans frais, le tout à peine de trois cent livres d'amende pour chaque contravention, même de confiscation des bestiaux, s'il y échoit.

Art. 4. Fait pareillement défense à toutes personnes, sous les mêmes peines, d'exposer en vente dans les foires et marchés, aucuns bœufs, vaches ou veaux; même au bouchers de tuer et débiter lesdits bœufs, vaches ou veaux, qu'après qu'ils auront été vus et visités par personnes à ce intelligentes, nommées par lesdits officiers, et ce (à l'égard des bestiaux qui seront exposés en vente dans les foires et marchés) avant que lesdits bestiaux puissent être amenés dans le lieu de la foire ou du marché, pour savoir s'ils ne sont point infectés de maladie, ou même suspects d'en être attaqués, et être ceux qui se trouveront en cet état renvoyés sur-le-champ dans les lieux d'où ils auront été amenés; que les bestiaux qui seront jugés sains ne puissent être mêlés avec ceux de celui qui les aura achetés, ou autres habitans des lieux où ils seront vendus, qu'après en avoir été retenus séparés au moins pendant huit jours, à peine de cent livres d'amende pour chaque contravention.

Art. 5. Ordonne qu'aussitôt que les bêtes infectées seront mortes, les propriétaires et fermiers seront tenus de les enterrer avec leurs peaux, lesdites bêtes préalablement coupées par quartiers, dans des fosses de huit à dix pieds de profondeur pour chaque bête; de jeter dessus lesdites bêtes de la chaux vive, et de recouvrir exactement ladite fosse jusqu'au niveau du terrain; enjoint auxdits officiers et auxdits syndics, en leur absence, de leur faire fournir des charrettes, chevaux, harnais, civières ou traîneaux, même les manouvriers dont ils auront besoin, sans qu'on puisse traîner lesdites bêtes, mais seulement les porter aux fosses dans lesquelles elles seront jetées; le tout à peine de cinquante livres d'amende contre ceux qui auront refusé leurs charrettes, harnais, civières ou traîneaux, ou leurs services pour enterrer promptement lesdites bêtes mortes de maladie. Fait défense à toutes personnes de laisser dans les bois lesdites bêtes mortes, les jeter dans les rivières, ni les exposer à la voirie, même de les enterrer dans les écuries, cours, jardins, et ailleurs que hors l'enceinte des villes, bourgs, villages, à peine de trois cents livres d'amende et de tous dommages et intérêts.

Art. 6. Fait défense à toutes personnes de tirer des fosses les bêtes, soit entières ou par parties, sous quelque prétexte que ce puisse être, et aux tanneurs ou autres d'en vendre ou acheter les peaux, à peine de trois cents livres d'amende, même de punition corporelle.

Art. 7. Ordonne que les amendes qui seront encourues pour contraventions à l'exécution du présent arrêt, seront appliquées, un tiers au dénonciateur, un tiers au haut-justicier et un tiers aux pauvres du lieu, et ne puissent être réputées comminatoires où être remises ou modérées par les juges, sous quelque prétexte que ce puisse être.

Art. 8. Que les jugemens qui seront rendus en conséquence du présent arrêt, et pour prévenir la mortalité du bétail, seront exécutés par provision nonobstant toutes oppositions, appellations, prises à partie, et empêchemens quelconques, et sans y préjudicier.

Art. 9. Et que le présent arrêt sera lu, publié et enregistré dans tous les bailliages et sénéchaussées du ressort de ladite cour ; enjoint aux substituts du procureur-général du roi d'y tenir la main, d'en envoyer des copies dans les justices de leur ressort, pour y être pareillement lu, publié et affiché par tout où besoin sera, à ce que personne n'en ignore, et d'en certifier la cour dans le mois. Fait le parlement, le 24 mars 1745.

Signé **DUFRANC.**

N° 621. — *Arrêt du conseil, qui indique les précautions à prendre contre la maladie épidémique sur les bestiaux* (1).

Versailles, 19 juillet 1746. (Archiv.)

Le roi étant informé que la maladie épidémi-

___

(1) En vigueur. V. l'arrêté du 25 messidor an V, et l'ordonn du 27 janvier 1815.

que sur les bœufs et sur les vaches, qui depuis quelque temps s'était ralentie, se fait sentir de nouveau dáns quelques provinces du royaume, qu'il y a lieu de penser qu'elle s'y est communiquée, soit parce que des propriétaires de bestiaux, dans la crainte de voir périr chez eux ceux de leurs bestiaux dont l'état était suspect, se sont déterminés à les donner à des prix médiocres, et les ont fait conduire à cet effet à des foires et marchés, dans des lieux où la maladie n'avait point encore pénétré; soit par ce que ceux qui font le commerce de bestiaux, voulant par une avidité condamnable profiter de l'inquiétude desdits propriétaires, ont acheté leurs bestiaux à des prix extrêmement bas, et les ont revendus par préférence à ceux qui venaient des cantons non suspects, en les donnant à des prix inférieurs, ce qui dans l'un comme dans l'autre cas a porté la maladie dans les lieux où lesdits bestiaux ont été conduits, en sorte qu'elle pourra s'étendre successivement dáns les endroits qui jusqu'à présent en ont été préservés, s'il n'y était pourvu par des dispositions capables de remédier à un abus si préjudiciable au bien public et à l'intérêt de chaque province en particulier ;

Et l'expérience ayant fait connaître que le moyen le plus assuré pour arrêter le progrès de cette maladie, était d'empêcher toute communication des bestiaux qui en sont attaqués avec ceux qui ne le sont pas ; comme aussi que les bestiaux d'un lieu où la maladie s'est fait sentir ne soient conduits dans un lieu où elle n'a point pénétré. Sa Majesté voulant sur ce expliquer ses intentions : ouï le rapport du sieur Demachault, conseiller ordinaire au conseil royal , contrôleur-général des finances;

Le roi étant en son conseil, a ordonné et ordonne ce qui suit :

Art. 1er. Tous propriétaires de bêtes à cornes habitans dans les villes ou paroisses de la campagne, dont les bestiaux seront malades ou soupçonnés de maladie, seront tenus d'en avertir dans le moment le principal officier de police de la ville, ou le syndic de la paroisse dans laquelle ils habiteront, sous peine de cent livres d'amende, à l'effet par ledit officier de police ou le syndic de faire marquer, et en sa présence, lesdits bestiaux malades en soupçonnés, avec un fer chaud d'une marque portant la lettre *M*, et de constater que lesdites bêtes malades ou soupçonnées de maladie ont été séparées des bestiaux sains et renfermées dans des endroits d'où elles ne puissent communiquer avec lesdits bestiaux sains de la même ville ou paroisse.

2. Ne pourront lesdits propriétaires , sous quelque prétexte que ce soit, faire conduire dans les pâturages ni aux abreuvoirs lesdits bestiaux attaqués ou soupçonnés de maladie; ils seront tenus de les nourrir dans les lieux où ils auront été renfermés, sous la même peine de cent livres d'amende.

3. Les syndics des paroisses dans lesquelles il

y aura des bestiaux malades ou soupçonnés de maladie, seront tenus, sous peine de cinquante livres d'amende, d'en avertir dans le jour le sub-délégué du département, et de lui déclarer le nombre de bestiaux qui seront malades ou soup-çonnés, et qu'ils auront fait marquer les noms des propriétaires auxquels ils appartiennent, et s'ils en ont été avertis par lesdits propriétaires ou par d'autres particuliers de ladite paroisse. Veut Sa Majesté qu'au dernier cas le tiers de ces amendes qui seront prononcées contre lesdits propriétaires, faute de dénonciation, appartien-ne à ceux qui auront donné le premier avis , soit au principal officier de police dans les villes, soit aux syndics des paroisses de la campagne.

4. Le subdélégué, conformément aux ordres et instructions qu'il aura reçus du sieur intendant de la province, et les officiers dans les villes, tiendront la main , non seulement pour empê-cher que les bestiaux malades ou soupçonnés n'aient aucune communication avec les bestiaux sains de la même ville ou paroisse, mais encore pour empêcher que tous les bestiaux, soit ma-lades, soit soupçonnés, soit sains, du lieu où la maladie se sera manifestée, n'aient aucune com-munication avec ceux des villes ou paroisses voisines.

5. Fait Sa Majesté très expresses inhibition et défense aux habitans des villes ou des parois-ses de la campagne dans lesquelles la maladie se sera manifestée, de vendre aucun bœuf, va-che ou veau, et à tous particuliers des autres

paroisses ou étrangers, d'en acheter, sous peine de cent livres d'amende, tant contre le vendeur que contre l'acheteur, par chaque tête de bétail vendue ou achetée en contravention de la présente disposition , sans préjudice néanmoins de ce qui sera réglé par l'art. 8 ci-après.

6. Fait pareillement Sa Majesté défense à tous particuliers, soit propriétaires de bêtes à cornes ou autres , de conduire aucuns des bestiaux sains ou malades, des villes ou paroisses de la campagne où la maladie se sera manifestée, dans aucunes foires ou marchés, et ce, sous peine de cinq cents livres d'amende par chaque contravention ; de laquelle amende les propriétaires desdits bestiaux qui pourraient se servir d'étrangers pour les conduire auxdites foires et marchés, seront responsables en leur propre et privé nom.

7. Permet Sa Majesté à tous particuliers qui rencontreront, soit dans les pâturages publics , soit aux abreuvoirs, soit sur les grands chemins, soit aux foires ou marchés , des bêtes à cornes marquées de la lettre *M*, de les faire conduire devant le plus prochain juge royal ou seigneurial, lequel les fera tuer sur-le-champ en sa présence.

8. Pourront néanmoins les propriétaires des bêtes à cornes qui auront des bestiaux sains et non soupçonnés de maladie dans un lieu où quelques-uns des bestiaux auront été attaqués, vendre lesdits bestiaux sains et non soupçonnés de maladie aux bouchers qui voudront les ache-

ter, mais à la charge qu'ils seront tués dans les vingt-quatre heures de la vente , sans que lesdits bouchers puissent, sous aucun prétexte, les garder plus long-temps, à peine, tant contre lesdits propriétaires que contre lesdits bouchers , de deux cents livres d'amende pour chaque contravention, pour raison de laquelle amende lesdits propriétaires et lesdits bouchers seront solidaires.

9. Seront en outre tenus lesdits bouchers qui, dans les lieux où il y aura des bestiaux malades ou soupçonnés, achèteront des bestiaux sains, de prendre un certificat des propriétaires desquels ils feront lesdits achats, lequel sera visé de l'officier de police de la ville ou du syndic de la paroisse dans lesquelles les achats auront été faits, et contiendra le nombre et la désignation des bestiaux qu'ils auront achetés, et qu'ils n'ont eu aucun symptôme de la maladie ; comme aussi de représenter lesdits certificats à l'officier de police de la ville ou au syndic de la paroisse dans laquelle ils conduiront lesdits bestiaux , à l'effet de constater que les dits bestiaux seront tués dans les vingt-quatre heures de l'achat, le tout sous la même peine contre lesdits bouchers de deux cents livres d'amende pour chaque contravention et par chaque tête de bétail qui n'aurait pas été tué dans les vingt-quatre heures de l'achat.

10. Si aucuns desdits bouchers, abusant de la faculté qui leur est accordée par les deux précédens, revendaient aucuns desdits bestiaux,

à telle personne que ce puisse être, veut Sa Majesté qu'ils soient condamnés à cinq cents livres d'amende par chaque tête de bétail, même qu'il soit procédé extraordinairement contre eux, pour, après l'instruction faite, être prononcée telle peine afflictive ou infamante qu'il appartiendra.

11. Les bouchers qui, pour s'approvisionner des bestiaux dont ils auraient besoin, en achèteraient dans les lieux où la maladie n'aura point encore pénétré, seront tenus de prendre un certificat de l'officier de police de la ville ou du syndic de la paroisse dans laquelle ils feront leurs achats, lequel certificat fera mention de l'état de la paroisse sur le fait de ladite maladie, et du nombre et désignation des bestiaux qu'ils y auront achetés; comme aussi de représenter ledit certificat à l'officier de police de la ville ou au syndic de la paroisse de leur domicile, toutes fois et quantes ils en seront requis, pour justifier que lesdits bestiaux ont été achetés dans les lieux sains, et peuvent être conservés sans danger, sous peine de confiscation desdits bestiaux et de deux cents livres d'amende par chaque tête de bêtes à cornes.

12. Veut et entend pareillement Sa Majesté que tous les particuliers et habitans des villes ou des paroisses de la campagne où la maladie n'aura point pénétré, qui voudront conduire ou envoyer des bestiaux aux foires et marchés pour y être vendus, soient tenus, sous peine de confiscation de leurs bestiaux et de deux cents livres

d'amende pour chaque tête de bêtes à cornes, de se munir d'un certificat de l'officier de police de ladite ville ou du syndic de ladite paroisse, visé par le curé ou par un des officiers de justice, lequel certificat fera mention de l'état de ladite ville ou paroisse, sur le fait de la maladie, et contiendra le nombre et la désignation desdits bestiaux, et sera ledit certificat représenté aux officiers de police, si aucun y a, ou aux syndics des paroisses des lieux où se tiendront les foires et marchés, avant l'exposition desdits bestiaux en vente.

13. Fait Sa Majesté très expresses inhibition et défense aux officiers de police et syndics des lieux et communautés où lesdites foires et marchés se tiendront, de permettre l'exposition d'aucuns desdits bestiaux, sans préalablement s'être assurés par la représentation desdits certificats du lieux d'où ils viennent, et que la maladie n'y a point pénétré ; à peine contre les dits syndics des paroisses de cent livres d'amende, et contre lesdits officiers de police de destitution de leurs offices.

14. Si aucuns des officiers de police des villes et des syndics des paroisses de la campagne, dans les cas où il leur est enjoint par le présent arrêt de donner des certificats, en donnaient de contraires à la vérité, veut Sa Majesté qu'ils soient condamnés en mille livres d'amende, même poursuivis extraordinairement, pour, après l'instruction faite, être prononcée contre eux telle peine afflictive ou infamante qu'il appartiendra.

15. Veut Sa Majesté que dans tous les cas où les amendes prononcées par le présent arrêt seront encourues, les délinquans soient condamnés par corps au paiement des dites amendes, et qu'ils tiennent prison jusqu'au parfait paiement d'icelles.

16. Lesdites amendes seront remises au greffier de police pour les villes, ou au greffier des subdélégations dans chaque département pour les paroisses de la campagne, pour être distribuées, savoir : un tiers en conformité et dans le cas porté par l'art. 3 du présent arrêt, et le surplus ainsi qu'il sera ordonné par Sa Majesté, sur l'avis du sieur lieutenant-général de police de la ville de Paris et des sieurs intendans dans les provinces; enjoint Sa Majesté au sieur lieutenant-général de police à Paris, et aux sieurs intendans et commissaires départis dans les provinces, de tenir la main à l'exécution du présent arrêt, qui sera lu, publié et affiché partout où besoin sera, à ce que personne n'en ignore, et exécuté, nonobstant oppositions ou autres empêchemens quelconques, pour lesquels ne sera différé, et dont, si aucuns interviennent, Sa Majesté se réserve et à son conseil la connaissance, icelle interdisant à toutes ses cours et autres juges.

N° 101. Arrêt *du conseil, contenant les dispositions pour arrêter les progrès de la maladie épizootique dans les provinces méridionales* (1).

Versailles, 18 décembre 1774.

Le roi s'étant fait rendre compte de l'état et des progrès de la maladie contagieuse qui s'est répandue depuis plus de huit mois sur les bêtes à cornes dans les généralités de Bayonne, d'Auch et de Bordeaux, et qui commence à se communiquer dans celles de Montauban et de Montpellier; informé par les commandans et intendans desdites provinces, que la maladie se répand de plus en plus par la communication des bestiaux; qu'elle n'a épargné qu'un très-petit nombre d'animaux dans les villages où elle a pénétré; que tous les remèdes qui ont été tentés pour en arrêter les progrès, soit par des méde-

(1) Cet arrêt est encore en vigueur. V. ordonnance du 17 janvier 1815.

Il parut en même temps un ouvrage du célèbre Vicq-d'Azir, qui fut nommé commissaire par le gouvernement pour faire des recherches sur la maladie épidémique.

Des instructions et avis furent aussi publiés à ce sujet par ordre du roi. V. a. d. c. 10 avril 1714; 24 mars 1745; 13 mai 1746, a. d. p. de 1747, a. d. c. 19 juillet 1748; 50 janvier 1775; 7 avril, 11 mai 1780; a. d. p. de Dijon, 20 juillet 1780; a. d. c. 16 juillet 1784. Loi du 28 septembre 1791, art. 23, tit. 2; arrêté du 27 messidor an v; décision du 13 février 1808; décrets du 8 novembre 1810, et 6 janvier 1811. Code pénal, art. 460; ordonnance du 17 janvier 1815. Merlin et Hudigeon, v° Epizootie.

cins du pays, soit par les élèves des écoles vétérinaires, que Sa Majesté a fait passer dans lesdites provinces pour les secourir, n'ont eu jusqu'à présent que peu de succès, et qu'ils laissent peu d'espérance de pouvoir guérir les animaux infectés de cette contagion, qui s'annonce avec tous les caractères d'une maladie putride, inflammatoire et pestilentielle; qu'il est important et pressant de recourir aux moyens les plus efficaces pour empêcher que ce fléau, en continuant de s'étendre de proche en proche, ne se répande en peu de temps dans d'autres provinces du royaume; que dans les états étrangers limitrophes qui ont été infectés de la même maladie pendant les années précédentes, on n'est parvenu à conserver la plus grande partie du bétail qu'en sacrifiant un petit nombre d'animaux malades dès qu'ils ont eu les premiers symptômes de cette maladie; que ce parti, tout rigoureux qu'il est, est cependant le seul qui reste à prendre pour prévenir les maladies d'une contagion ruineuse pour les propriétaires des bestiaux et la destruction de l'agriculture dans les provinces exposées à ces ravages. Dans ces circonstances, ouï le rapport du sieur Turgot, conseiller ordinaire au conseil royal, contrôleur-général des finances; le roi étant en son conseil, en renouvelant les ordres les plus précis pour faire exécuter exactement dans toutes les provinces infectées, et dans celles qui sont limitrophes, l'arrêt du conseil du 31 janvier 1771, a ordonné et ordonne ce qui suit:

1. Toutes les villes, bourgs et villages voisins de ceux où la contagion est présentement établie, seront visités par les artistes vétérinaires, les maréchaux ou experts qui auront été pour ce commis par les intendans desdites provinces, à l'effet de reconnaître et de constater l'état de santé ou de maladie de toutes les bêtes à cornes dans lesdits villages ou bourgs.

2. Dans le cas où quelques animaux se trouveraient attaqués de la maladie contagieuse, annoncée par des symptômes non équivoques, il en sera dressé procès-verbal par les artistes maréchaux ou experts, en présence du syndic de la commune dans lesdits villages, et en celle des officiers municipaux dans les villes ou dans les faubourgs; il sera constaté en même temps par ledit procès-verbal ou par un acte de notoriété y joint, qu'aucun animal dans ladite ville, bourg ou village, n'est mort précédemment de la contagion.

3. Aussitôt après la confection desdits procès-verbaux, lesdites bêtes malades seront tuées et enterrées avec leurs cuirs, jusqu'à concurrence des dix premières seulement, à la diligence desdits syndics et officiers municipaux, dans chaque ville, bourg ou village où ladite contagion commencera à se déclarer.

4. Les sieurs intendans et commissaires départis dans les provinces feront payer à chaque propriétaires le tiers de la valeur qu'auraient eue les propriétaires des animaux qui auront été sacrifiés, s'ils eussent été sains, et ce, sur l'esti-

mation qui en sera faite par lesdits artistes, maréchaux et experts, à la suite de leurs dits procès-verbaux ; laquelle indemnité sera imputée
sur les fonds à ce destinés par Sa Majesté.

5. Lesdits sieurs intendans enverront, à la fin
de chaque mois, au sieur contrôleur-général des
finances, l'état des villes, bourg et villages où la
maladie aura pénétré ; ensemble le nombre et
quantité des bêtes malades qui auront été tuées
dans lesdits lieux de leurs généralités, et des
sommes qui leur auront été payées en indemnité,
à raison du tiers de la valeur de chaque animal,
ainsi que des autres dépenses nécessaires pour
l'exécution du présent arrêt.

6. Fait Sa Majesté très-expresses inhibition
et défense à tous propriétaires de bestiaux, de
cacher ou receler aucune bête saine ou malade,
lors des visites qui seront faites en exécution du
présent arrêt, à peine de cinq cents livres d'a-
mende, payables par corps et sans pouvoir être
modérées.

7. Enjoint Sa Majesté aux lieutenans et officiers de police dans les villes, aux sieurs intendans et commissaires départis, de tenir la main
à l'exécution du présent arrêt, qui sera publié
et affiché partout où besoin sera, et de rendre à
cet effet toutes les ordonnances nécessaires, lesquelles seront exécutées nonobstant toutes oppositions ou appellations quelconques. Sa Majesté se réservant d'en connaître en son conseil ;
et seront tenus lesdits officiers et cavaliers de
maréchaussée d'exécuter les ordres qui leur se-

ront adressés par lesdits sieurs intendans pour assurer l'exécution du présent arrêt.

N° 139. Arrêt *du conseil, contenant des mesures contre les maladies épizootiques* (1).

Versailles, 30 janvier 1775.

Le roi étant informé que la maladie contagieuse sur les bêtes à cornes continue ses ravages dans les provinces de Guyenne, de Navarre et de Béarn, et dans quelques autres provinces méridionales du royaume, s'est fait représenter l'arrêt rendu en son conseil le 18 décembre 1774, qui ordonne de tuer dans chacune des paroisses nouvellement attaquées de cette maladie, les dix premières bêtes qui tomberont malades seulement, et qui prescrit les formalités qui doivent être observées dans ce cas : Sa Majesté a reconnu, par le compte qui lui a été rendu des observations faites par ses ordres dans ces provinces, que cette maladie ne se répand que par la communication des bestiaux entre eux, et par l'abus que peuvent faire des personnes imprudentes ou mal intentionnées, des cuirs des animaux malades, et autres objets capables de répandre la contagion; elle a jugé qu'il était de sa prudence et de son amour pour ses peuples de prendre les mesures les plus certaines, non seulement pour arrêter les progrès

(1) En vigueur. Ordonn. du 27 janvier 1815. V. 18 décembre 1774.

de cette maladie, mais pour en détruire, autant qu'il est possible, toutes les semences.

A quoi désirant pourvoir : ouï le rapport du sieur Turgot, etc. Le roi étant en son conseil, ordonne que l'arrêt du 18 décembre 1774 sera exécuté selon sa forme et teneur ; et Sa Majesté l'interprétant, étendant ses dispositions en tant que de besoin, ordonne que tous les animaux qui seront reconnus malades de cette maladie seront tués sur-le-champ et enterrés, en suivant les précautions et les formalités ordonnées par ledit arrêt du 18 décembre 1774, aussitôt qu'on aura bien constaté les signes de l'épizootie. Veut Sa Majesté qu'il soit tenu compte au propriétaire du tiers de la valeur qu'ils auraient eue s'ils avaient été sains.

Ordonne que les cuirs des animaux tués en conséquence du présent arrêt ou morts de leur mort naturelle, seront tailladés de manière qu'on ne puisse plus en faire usage : fait Sa Majesté très-expresses inhibition et défense à toutes personnes, sous quelque prétexte que ce puisse être, de conserver aucuns cuirs provenant d'animaux suspects de ladite maladie, de les préparer, transporter, vendre ou acheter, ainsi que les fumiers, râteliers et autres choses à l'usage desdits animaux, et reconnus capables de porter la contagion, sous peine de cinq cents livres d'amende contre chacun des contrevenans. Enjoint Sa Majesté aux gouverneurs et commandans, et aux intendans et commissaires départis dans ses provinces, etc., etc.

N° 1955. — **ARRÊT** *du conseil, sur les maladies des animaux, la morve et autres* (1).

Versailles, 16 juillet 1784.

Le roi étant informé des ravages qu'occasionent sur les animaux, dans différentes provinces de son royaume, les maladies contagieuses dont ils sont attaqués, notamment celle de la morve, et considérant que cette maladie, contre laquelle on n'a trouvé jusqu'à présent aucun remède curatif, se communique, se propage et se perpétue par toute sorte de voies ; que l'écurie où un cheval atteint de la morve n'a fait que passer, les harnais et tout ce qui lui a servi, reçoivent et communiquent ce vice épidémique, qui ne tarde pas à se développer ; qu'une des causes principales de la contagion ne peut être attribué qu'à la négligence et à un intérêt mal entendu des propriétaires, marchands de chevaux et de bestiaux, qui, au lieu de déclarer le mal dès son principe, cherchent à le déguiser jusqu'à ce que les animaux qui en sont atteints soient absolument hors d'état de service ; que des écarisseurs et autres, après avoir acheté des chevaux et bêtes frappés de mal, sous prétexte de les guérir ou les abattre, en font un trafic funeste, même dans la vente des parties mortes. Sa Majesté jugeant nécessaire de réprimer des abus aussi

____

(1) En vigueur. V. ordonn. du 27 janviei 1815 ; ordonn. de pol. 21 février 1820 ; a. d. p. 24 mars 1745, a. d. c. 19 juillet 1746 ; art. 459, 460, 461, 462, 484, C. p.

10

contraires à l'agriculture et au commerce, et voulant y pourvoir : ouï le rapport, etc.

Art. 1er. Toutes personnes, de quelque qualité et condition qu'elles soient, qui auront des chevaux et bestiaux atteints ou soupçonnés de la morve ou de toute autre maladie contagieuse, telles que le charbon, la gale, la clavelée, le farcin et la rage, seront tenues, à peine de 500 liv. d'amende, d'en faire sur-le-champ leur déclaration aux maires, échevins ou syndics des villes, bourgs et paroisses de leur résidence, pour être lesdits chevaux et bestiaux vus et visités, sans délai, en la présence desdits officiers, par les experts vétérinaires les plus prochains, lesquels se transporteront à cet effet dans les écuries, étables, et bergeries pour reconnaître et constater exactement l'état des chevaux et animaux qui leur ont été déclarés.

Art. 2. Autorise Sa Majesté les sieurs intendans et commissaires départis dans les différentes provinces du royaume, à nommer autant d'experts qu'ils le jugeront à propos pour lesdites visites, choisir par préférence parmi les élèves des écoles vétérinaires, à leur défaut, par les maréchaux ou autres qui auront les certificats d'étude et de capacité du directeur de l'école vétérinaire, ou qui auront subi un examen sur les demandes qui leur en seront faites en présence dudit sieur commissaire, par deux artistes vétérinaires du département.

Art. 3. Seront tenus lesdits experts de prêter leur ministère toutefois et quantes ils en seront

requis par les officiers de maréchaussée, subdélégués, officiers municipaux et syndics, pour
examiner les chevaux et bestiaux suspects; comme
aussi de se transporter à cet effet dans les marchés publics et dans les écuries des maîtres de
poste, des entrepreneurs de messageries ou
roulages et loueurs de chevaux, même aussi dans
les écuries, bergeries et étables des particuliers,
sur les déclarations et dénonciations de mal contagieux qui auraient été faites à leur égard, en se
faisant toutefois, audit cas, autoriser par le juge
du lieu et accompagner d'un officier municipal,
ou du syndic de la paroisse. Fait défense Sa
Majesté à toutes personnes de refuser l'entrée de
leurs écuries, étables et bergeries auxdits experts ainsi assistés, et d'apporter aucun obstacle
à ce qu'il soit procédé, conformément à ce que
dessus, auxdites visites, dont il sera dressé procès-verbal, lors duquel, en cas de difficultés, les
parties intéressées pourront faire tels dires et
réquisitions qu'elles aviseront, et il y sera statué
provisoirement et sans aucun délai par le juge
qui aura autorisé la visite.

Art. 4. Défenses sont faites à tous maréchaux,
bergers et autres, de traiter aucun animal attaqué de la maladie contagieuse et pestilentielle
sans en avoir fait la déclaration aux officiers municipaux et syndics de leur résidence, lesquels en
rendront compte sur-le-champ au subdélégué,
qui fera appliquer sans délai sur le front de la
bête malade un cachet en cire verte portant ces
mots : *Animal suspect*, pour dès cet instant être

les chevaux et les autres animaux qui auront été ainsi marqués, conduits et enfermés dans des lieux séparés et isolés ; fait pareillement défense Sa Majesté à toutes personnes de les laisser communiquer avec d'autres animaux, ni de les laisser vaguer dans des pâturages communs, le tout sous la même peine d'amende.

Art. 5. Les chevaux qui auront été attaqués de la morve et les autres bestiaux dont la maladie contagieuse aura été reconnue incurable par les experts, seront abattus sans délai, ensuite ouverts par lesdits experts, lesquels appelleront à l'abattage et ouverture desdits animaux un officier municipal ou syndic, qui en dressera procès-verbal, pour être envoyé audit sieur commissaire départi ou à son subdélégué, et ce procès-verbal contiendra en détail le caractère de la maladie de l'animal et les précautions pour éviter la contagion.

Art. 6. Les chevaux et bestiaux morts et abattus pour cause de morve ou de toute autre maladie contagieuse pestilentielle, seront enterrés (chairs et ossemens) dans des fosses de dix pieds de profondeur, qui ne pourront être ouvertes plus près de cent toises de toute habitation, et les peaux en seront tailladées ; les écuries dans lesquelles auront séjourné des chevaux morveux, ainsi que les étables et bergeries qui auront servi aux animaux attaqués de maladies contagieuses, seront, à la diligence des officiers municipaux et experts, aérées et purifiées ; lesdits lieux ne pourront être occupés par aucuns autres animaux que lorsqu'ils auront été puriliés et qu'il se sera écoulé un temps suffisant pour en ôter l'infection ; les équipages, les harnais et colliers seront brûlés ou échaudés, conformément à ce qui sera prescrit par le procès-verbal d'abattage qui aura été dressé, et dont sera laissé copie, pour par les propriétaires ou autres s'y conformer, ainsi qu'à toutes les précautions qui auront été indiquées par les experts, à l'effet d'éviter la contagion ; le tout sous la même peine de 500 liv. d'amende.

Art. 7. Fait sa Majesté défense, sous les mêmes peines, à tous marchands de chevaux et autres, de détourner, sous quelque prétexte que ce soit, vendre ou exposer en vente, dans les foires et marchés ou partout ailleurs, des chevaux et bestiaux atteints ou suspectés de morve ou de maladies contagieuses, et aux hôteliers, cabaretiers, laboureurs et autres, de recevoir dans leurs écuries ou étables ordinaires aucuns chevaux ou animaux soupçonnés de semblables maladies, auquel cas ils seront tenus d'en faire aussitôt la déclaration ci-dessus prescrite.

Art. 8. Autorise Sa Majesté lesdits sieurs commissaires départis et leurs subdélégués à commettre dans les villes, bourgs et villages de leurs généralités, tel nombre d'écarisseurs qui sera jugé nécessaire, lesquels seuls pourront faire l'enlèvement et l'écarissage des animaux morts dans les arrondissemens qui leur seront prescrits, auxquels il sera délivré sans frais une commission par lesdits sieurs intendans et subdélégués, sans qu'aucuns autres puissent s'immiscer dans l'écarissage des chevaux et bestiaux, à peine de prison.

Art. 9. Les écarisseurs ne pourront, sous peine d'être déchus de leur commission, d'amende ou de telle autre punition qu'il appartiendra, vendre et débiter aucune viande qui proviendra des chevaux ou animaux qui, suivant l'art. 2, auront été abattus pour être enterrés.

Art. 10. Autorise Sa Majesté toutes personnes à dénoncer les contraventions qui pourront être faites aux dispositions du présent arrêt ; et lorsqu'elles auront été bien et dûment constatées, le tiers des amendes qui auront été prononcées et qui seront payables sans déport, appartiendra au dénonciateur, auquel il sera en outre accordé une récompense proportionnée au mérite de la dénonciation.

Art. 11. Seront tenus les maires et échevins dans les villes, et les syndics dans les campagnes, d'informer, au premier avis qu'ils en auront, les intendans et leurs subdélégués, des maladies contagieuses ou épizootiques qui se manifesteront dans l'étendue de leur arrondissement, à peine d'être rendus personnellement responsables de tous dommages qui pourraient résulter de leur négligence.

Art. 12. Toutes les amendes encourues aux termes des articles ci-dessus, seront payées sans déport, et les contrevenans y seront contraints par toutes voies dues et raisonnables, même par l'emprisonnement de leurs personnes.

Art. 13. Et seront les ordonnances rendues

pour la police du marché aux chevaux, et notamment celle du 8 juillet 1763, exécutées en leur contenu.

Art. 14. Ordonne Sa Majesté que, conformément aux attributions ci-devant données tant au sieur lieutenant-général de police de la ville de Paris qu'aux sieurs commisssaires départis dans les provinces du royaume, chacun en droit soi, ils continuent d'avoir, exclusivement à tous autres juges, la connaissance des contestations qui pourraient survenir sur l'exécution du présent arrêt, ainsi que des précédens réglemens et ordonnances intervenus au même sujet, sauf l'appel au conseil : leur enjoint, ainsi qu'aux maires, échevins et syndics, de tenir la main à l'exécution du présent arrêt, et aux officiers et cavaliers de maréchaussée et tous autres, de prêter main forte et assistance nécessaires à cet effet.

Décret du 16 août 1790, sanctionné le 24, sur l'organisation judiciaire.—Titre XI, art. 3. Les objets de police confiés à la vigilance et à l'autorité des corps municipaux sont, etc.

N° 5. Le soin de prévenir par les précautions convenables, et celui de faire cesser par la distribution des secours nécessaires, les accidens et fléaux calamiteux, tels que les épidémies, les épizooties, en provoquant aussi, dans ces deux derniers cas, l'autorité des administrations de département et de district.

Décret du 28 septembre 1791, sanctionné le 6 octobre. — Titre 1ᵉʳ, section 4, art. 19. Des troupeaux, des clôtures, du parcours et de la vaine pâture.

Art. 19. Aussitôt qu'un propriétaire aura un troupeau malade, il sera tenu d'en faire la déclaration à la municipalité; elle assignera sur le terrain du parcours ou de la vaine pâture, si l'un ou l'autre existe dans la paroisse, un espace où le troupeau malade pourra pâturer exclusivement, et le chemin qu'il devra suivre pour se rendre au pâturage; si ce n'est point un pays de parcours ou de vaine pâture, le propriétaire sera tenu de ne point faire sortir de ses héritages son troupeau malade.

Art. 20. Les corps administratifs emploieront constamment les moyens de protection et d'encouragement qui sont en leur pouvoir pour la multiplication des chevaux, des troupeaux et de tous bestiaux de race étrangère qui seront utiles à l'amélioration de nos espèces, et pour le soutien de tous les établissemens de ce genre.

Ils encourageront les habitans des campagnes par des récompenses et suivant les localités, à la destruction des animaux malfaisans qui peuvent ravager les troupeaux, ainsi qu'à la destruction des animaux et des insectes qui peuvent nuire aux récoltes.

Ils emploieront particulièrement tous les moyens de prévenir et d'arrêter les épizooties et la contagion de la morve des chevaux.

***(II Bull., 190).N° 1148.** Loi qui autorise le comité des secours à régler les indemnités des communes dans lesquelles ont régné des maladies épidémiques ou épizootiques.*

8 vendémiaire an IV. (50 septembre 1795.)

La Convention, etc., décrète :

Art. 1er. Le comité des secours est autorisé à régler les indemnités dont doivent jouir les communes dans lesquelles ont régné les maladies épidémiques ou épizootiques.

Art. 2. La commission des secours fera passer sur les fonds mis à sa disposition les sommes qui, en exécution de l'article précédent, auront été déterminées par le comité des secours.

Arrêté du directoire exécutif, qui ordonne l'exécution de mesures destinées à prévenir la contagion des maladies épizootiques (n. 1294). 27 messidor an V. (15 juillet 1797).

Circulaire du ministre de l'intérieur aux administrations centrales et municipales.

Paris, 25 messidor an V. (11 juillet 1797).

« Il règne sur les bêtes à cornes des départemens du nord et de l'est une *épizootie* meurtrière, qui s'est annoncée d'abord par des symptômes peu alarmans. Je n'en ai pas plutôt été instruit, que j'ai envoyé de Paris des artistes vétérinaires éclairés pour en prendre connaissance.

Des instructions rédigées par eux sur les lieux et à leur retour ont été publiées et répandues dans tous les pays qu'ils avaient parcourus. La maladie a paru se ralentir pendant quelque temps, mais elle reprend avec plus de force, et la rapidité de ses progrès, et le nombre effrayant des animaux qu'elle tue ne permettent plus de douter qu'elle ne soit contagieuse au plus haut degré. Cet objet étant de la plus grande importance, et les moyens de police étant les seuls capables d'empêcher la communication, j'ai cru qu'il était de mon devoir de rappeler l'esprit des lois et réglemens rendus en pareille circonstance et qui n'ont point été abrogés; je n'ai eu qu'à concilier les dispositions de ces lois avec l'ordre constitutionnel : j'y ajouterai une courte instruction sur la manière reconnue comme la plus propre à prévenir cette maladie, et à la guérir dans les animaux affectés. »

Mesures de police pour arrêter la communication.

« Tout propriétaire ou détenteur de bêtes à cornes, à quelque titre que ce soit, qui aura une ou plusieurs bêtes malades ou suspectes, sera obligé, sous peine de 500 livres d'amende, d'en avertir sur-le-champ l'agent de sa commune, qui les fera visiter par l'expert le plus prochain, ou par celui qui aura été désigné par le département ou le canton. (*Arrêt du parlement du 24 mars 1745; arrêt du conseil du 19 juillet 1746, art. 3 ; autre du 16 juillet 1784, art. 1er*).

» Lorsque, d'après le rapport de l'expert, il

sera constaté qu'une ou plusieurs bêtes seront malades, l'agent veillera à ce que ces animaux soient séparés des autres et ne communiquent avec aucun animal de la commune. Les propriétaires, sous quelque prétexte que ce soit, ne pourront les faire conduire dans les pâturages ni aux abreuvoirs communs, et ils seront tenus de les nourrir dans des lieux renfermés, sous peine de 100 francs d'amende. (*Arrêt du conseil du 19 juillet 1746, art. 2.*)

» L'agent en informera, dans le jour, le commissaire du directoire exécutif du canton, auquel il indiquera le nom du propriétaire, et le nombre des bêtes malades. Le commissaire du directoire exécutif fera part du tout à l'administration centrale du département. (*Arrêt du conseil du 19 juillet 1746.*)

« Aussitôt qu'il sera prouvé à l'agent que l'épizootie existe dans une commune, il en instruira tous les propriétaires de bestiaux de ladite commune par une affiche posée aux lieux où se placent les actes de l'autorité publique; laquelle affiche enjoindra aux propriétaires de déclarer à l'agent le nombre de bêtes à cornes qu'ils possèdent, avec désignation d'âge, de taille, de poil, etc. Copie de ces déclarations sera envoyée au commissaire du directoire exécutif près l'administration municipale du canton, et par celui-ci à l'administration centrale du département. (*Arrêt du conseil du 19 juillet 1746, art. 4.*)

» En même temps, l'agent municipal fera marquer sous ses yeux toutes les bêtes à cornes de sa commune avec un fer chaud représentant la lettre *M*. Quand l'administration centrale du département se sera assurée que l'épizootie n'a plus lieu dans son ressort, elle ordonnera une contre-marque, telle qu'elle le jugera à propos, afin que les bêtes puissent aller et être vendues partout, sans qu'on ait rien à craindre. (*Arrêt du conseil du 19 juillet 1746, et arrêt du conseil du 16 juillet 1784.*)

» Afin d'éviter toute communication des bestiaux de pays infestés avec ceux de pays qui ne le sont pas, il sera fait de temps en temps des visites chez les propriétaires de bestiaux, dans les communes infectées, pour s'assurer qu'aucun animal n'en a été distrait. (*Arrêt du 24 mars 1745, art. 1ᵉʳ.*)

» Si au mépris des dispositions precédentes, quelqu'un se permet de vendre ou d'acheter aucune bête marquée dans un pays infecté, pour la conduire dans un marché ou une foire, ou même chez un particulier de pays non infecté, il sera puni de 500 francs d'amende. Les propriétaires des bêtes qui les feront conduire par leurs domestiques ou autres personnes dans les marchés ou foires, ou chez des particuliers de pays non infecté, seront responsables du fait de ces conducteurs. (*Art. 5 et 6 de l'arrêt du conseil du 19 juillet 1746.*)

» Il est enjoint à tout fonctionnaire public qui trouvera sur les chemins, ou dans les foires ou marchés, des bêtes à cornes marquées de la lettre *M.*, de les conduire devant le juge de paix, lequel les fera tuer en sa présence. (*Art. 8 de l'arrêt du conseil, du 19 juillet 1746.*)

» Pourront, néanmoins, les propriétaires de bêtes saines en pays infecté, en faire tuer chez eux, ou en vendre aux bouchers de leurs communes, mais aux conditions suivantes :

» 1° Il faudra que l'expert ait constaté que ces bêtes ne sont point malades;

» 2° Le boucher n'entrera point dans l'étable;

» 3° Le boucher tuera les bêtes dans les vingt-quatre heures;

» 4° Le propriétaire ne pourra s'en dessaisir, et le boucher les tuer, qu'ils n'en aient la permission par écrit de l'agent, qui en fera mention sur son état. Toute contravention à cet égard sera punie de 200 fr. d'amende; le propriétaire et le boucher demeurant solidaires. (*Art. 8 de l'arrêt du conseil du 19 juillet 1746.*)

» Il est ordonné de tenir, dans les lieux infectés, tous les chiens à l'attache, et de tuer tous ceux qu'on trouverait divaguans. (*Loi du 19 juillet 1791.*)

» Tout fonctionnaire public qui donnera des certificats et attestations contraires à la vérité, sera condamné en 1000 francs d'amende, même poursuivi extraordinairement. (*Art. 14 de l'arrêt du 24 mars 1745.*)

» Dans tous les cas où les amendes pour des objets relatifs à l'épizootie seront appliquées, aucun juge ne pourra les remettre ni les modérer; les jugemens qui interviendront en conséquence seront exécutés par provision, et les délinquans, au surplus, soumis aux lois de la police correctionnelle. (*Art. 7 et 8 de l'arrêt du parlement de* 1745 ; *art. 15 de celui du conseil de* 1746, *et art. 12 de celui de* 1784.)

» Aussitôt qu'une bête sera morte, au lieu de la traîner, on la transportera à l'endroit où elle doit être enterrée, qui sera autant que possible au moins à cinquante toises des habitations ; on la jettera seule dans une fosse de huit pieds de profondeur, avec sa peau tailladée en plusieurs parties, et on la recouvrira de toute la terre sortie de la fosse. Dans le cas où le propriétaire n'aurait pas la facilité d'en faire le transport, l'agent municipal en requerra un autre, et même les manouvriers nécessaires, à peine de 50 francs contre les refusans. Dans les lieux où il y a des chevaux, on préfèrera de faire traîner par eux les voitures chargées de bêtes mortes, lesquelles voitures seront lavées à l'eau chaude après le transport. Il est défendu de les jeter dans les bois, dans les rivières ou à la voirie, et de les enterrer dans les étables, cours et jardins, sous peine de 300 fr. d'amende et de tous dommages et intérêts. (*Art. 5 de l'arrêt du parlement de* 1745, *et art. 6 de celui du conseil de* 1784.)

» Enfin, les corps administratifs, conformément au décret du 28 septembre 1791, emploieront tous les moyens de prévenir et d'arrêter l'épizootie ; et, en conséquence, le gouvernement compte sur leur zèle pour faire faire les patrouilles, mettre la plus grande célérité dans l'exécution des lois, et ne rien épargner soit pour préserver leur pays de la contagion, soit pour en arrêter les progrès. Lorsque l'épizootie sera déclarée dans leur ressort, ils sont chargés d'en informer les administrations des départemens voisins, et je leur recommande très-expressément de m'en faire part sur-le-champ, ainsi que des progrès que pourra faire la maladie.

» Ce n'est qu'en suivant avec une rigueur très-scrupuleuse les mesures que j'ai indiquées, qu'il sera possible de prévenir dans la plupart des départemens, et d'arrêter dans ceux qui sont infectés les effets d'une contagion ruineuse pour l'agriculture en général, et pour les propriétaires.

Caractère de la maladie.

» Dans tous les lieux où règne l'épizootie, les hommes de l'art qui l'ont observée s'accordent à la regarder comme une inflammation générale, qui se termine toujours par celle du poumon ou du foie, le plus souvent par la première.

Cause de la maladie.

» L'altération des fourrages par l'effet des pluies qui régnèrent l'année dernière et occasionèrent le débordement des ruisseaux et des rivières, à l'époque de la récolte des foins, doit sans doute être considérée comme une des causes principales de l'épizootie. C'est sur les bords de la Meuse, de la Moselle, du Rhin, de la Nak et de quelques autres rivières dont les prairies ont été submergées, qu'elle s'est d'abord déclarée. Averti des effets funestes que devait produire une submersion aussi générale, je fis répandre sur les moyens de les prévenir une instruction dont je ne puis trop recommander la lecture aux cultivateurs qui se trouvent cette année dans le même cas.

Traitement de la maladie.

» Dès qu'une bête à cornes paraît affectée de la maladie régnante, on ne doit point hésiter à soumettre au traitement toutes celles de l'étable, quel qu'en puisse être le nombre.

» L'expérience ayant constamment prouvé que les animaux qui guérissaient sans autre secours que ceux de la nature, devaient leur guérison à une éruption dont leur corps se couvrait, toutes les vues de l'art doivent se diriger vers les moyens d'amener cette éruption ou de la suppléer.

» Ce serait en vain qu'on attendrait ces effets des cordiaux qu'on emploie presque exclusivement dans ces sortes de maladies. Le vin, l'eau-de-vie, le cidre, la bierre, le poivre, la cannelle, le girofle, la noix muscade, le gingembre, l'orviétan, le mithridate, la thériaque, le quinquina et un grand nombre d'autres médicamens échauffans, ne produisent sur les bêtes à cornes aucun effet à petites doses; à grandes doses, ils augmentent considérablement l'inflammation, et précipitent la perte des animaux.

» Ce n'est que par les applications extérieures qu'on peut se flatter d'obtenir ces dépôts si conformes aux vœux de la nature.

» Le séton, chargé d'un caustique, remplit parfaitement le double objet d'attirer au dehors l'humeur qui tend à se porter sur le poumon ou le foie, et d'en favoriser l'évacuation.

» Le fanon, que dans quelques lieux on nomme la *lampe*, la *nappe*, est la partie qu'on doit préférer pour y placer le séton.

» Il doit être placé de manière que les deux ouvertures se répondent de haut en bas, afin que l'humeur puisse s'écouler aisément.

» Pour établir un point d'irritation capable d'attirer brusquement cette humeur au dehors, on attache sur le milieu du séton un morceau d'ellébore noir, ou l'on y fixe avec un peu de linge du sublimé ou de l'arsenic en poudre.

» Lorsque l'engorgement a acquis le volume d'une tête humaine, on retourne le séton pour en tirer l'ellébore ou autre caustique dont on l'a chargé.

» Dans le cas où le séton ainsi préparé ne produirait pas, dans l'espace de quinze à vingt heures, un engorgement aussi considérable, on appliquera sur les deux côtés de la poitrine, après avoir rasé le poil, un large cataplasme vésicatoire, composé avec une once de mouches cantharides et une once d'euphorbe, étendues dans une suffisante quantité de levain, qu'on maintiendra avec un bandage et qu'on entretiendra jusqu'à parfaite guérison.

» On placera tous les jours, une heure le ma-

tin et autant le soir, dans la gueule de l'animal,
un billot autour duquel on aura disposé et maintenu avec un linge, de l'ail, du poivre, de l'assa-
fœtida, des racines de poivre d'eau, d'arum ou
pied de veau, des feuilles ou des racines de
grand raifort, des feuilles de tabac; le tout haché
et pilé : une seule de ces substances peut suppléer toutes les autres.

» On donnera, autant qu'il sera possible, des
alimens de la meilleure qualité. Il sera bon de
les asperger d'eau, sur un seau de laquelle on
aura fait dissoudre une poignée de sel.

» Lorsqu'il sera possible de faire boire les
animaux à l'étable, on blanchira leur eau avec
un peu de son, et on y mettra un verre de vinaigre sur dix pintes ou environ.

» Le bouchonnement très-souvent répété, l'é-
vaporation d'eau chaude sous le ventre, les bains
de rivière même, lorsque l'eau sera échauffée,
favorisent puissamment la transpiration; les lavemens avec l'eau légèrement vinaigrée produisent aussi de très-bons effets.

» La propreté des étables, le soin de les tenir
très-aérées, sont des conditions également essen-
tielles. Lorsqu'il y aura eu des animaux malades,
on se gardera bien d'y remettre de sains avant
de les avoir purifiées. »

Désinfection des étables.

« Les fumigations aromatiques ou autres tant
vantées, ainsi que le simple blanchissage avec la
chaux, sont des moyens insuffisans pour puri-

fier des étables infectées. C'est de l'eau et du feu, et surtout de leur combinaison qu'on peut attendre cet effet; les murs, les mangeoires, les râteliers seront lavés très-exactement avec de l'eau bouillante, et on les ratissera avec des balais de bruyère, de genêt, et mieux encore avec de fortes brosses quand on pourra s'en procurer. On ne blanchira jamais à la chaux qu'après avoir ainsi lavé et ratissé. Si l'étable est pavée, il faudra laver avec l'eau bouillante et ratisser également les pavés. Si le sol est en terre, on en enlèvera une couche de deux ou trois pouces, qu'on brûlera ou qu'on enfouira dans une fosse dont la terre qu'on en aura retirée remplacera celle enlevée de l'étable. On aura soin de battre le sol pour l'unir, l'affermir et s'opposer à l'évaporation qui pourrait s'élever des couches inférieures. On tiendra, pendant quelque temps, les écuries ouvertes jour et nuit, et l'on n'y remettra des animaux que lorsqu'elles seront parfaitement sèches. »

Le ministre de l'intérieur,
Signé Benezech.

Vu la lettre ci-dessus, écrite par le ministre de l'intérieur aux administrations centrales et municipales, sur les mesures à prendre pour prévenir la contagion des maladies épizootiques, ainsi que de l'instruction qui est en suite, sur le caractère, les causes de l'épizootie et le traitement de la maladie;

Le Directoire exécutif arrête que lesdites

lettre et instruction seront imprimées au Bulletin des lois ; charge les administrations de veiller à l'exécution des mesures et des dispositions contenues dans lesdites lettre et instruction.

Arrêté qui ordonne la promulgation, dans les départemens réunis, d'une instruction et de l'extrait d'un arrêté du ci-devant conseil sur les maladies épizootiques et de la morve.

(17 vend. an xi. 9 octobre 1802. — III bull. 225, n° 2032.)

Les consuls de la république, sur le rapport du ministre de l'intérieur, arrêtent :

Art. 1er L'arrêté du directoire exécutif du 27 messidor an v, concernant les maladies épizootiques et l'instruction publiée par le ministre de l'intérieur le 9 fructidor suivant, sur la morve, ensemble les dispositions de l'arrêt du ci-devant conseil du 16 août 1784, en ce qu'elles ont de relatif auxdites maladies, seront promulgués dans les départemens réunis, suivant la forme constitutionnelle.

Art. 2. Le grand-juge, ministre de la justice, et le ministre de l'intérieur, sont chargés de l'exécution du présent arrêté.

MONITEUR DU 8 FRUCTIDOR AN II (26 AOUT 1803.)

PRÉFECTURE DE POLICE.

Ordonnance concernant les bestiaux malades.

Paris, le 5 fructidor an XI.

Le conseiller d'état préfet de police, vu les articles II, XXIII et XXXIII de l'arrêté des consuls du 12 messidor an 8, et celui du 3 brumaire an IX, ordonne ce qui suit :

Art. 1er. Dans les communes rurales du ressort de la préfecture de police, les propriétaires ou dépositaires de moutons, de bêtes à cornes et chevaux atteints de maladie, sont tenus d'en faire sur-le-champ la déclaration au maire de leurs communes respectives, et d'en indiquer exactement le nombre, à peine de 100 fr. d'amende.

Art. 2. Pour s'assurer si les propriétaires ou dépositaires de bestiaux se sont conformés à l'article précédent, les animaux malades seront visités en présence du maire, par des experts nommés à cet effet.

Art. 3. Les animaux malades seront séparés dans les bergeries, étables ou écuries particulières, suivant les circonstances.

Art. 4. Il est expressément défendu de laisser vaguer les animaux malades dans les parcours et sur les routes, et de les laisser communiquer avec les animaux qui sont sains.

Art. 5. Les animaux malades qui seront rencontrés au pâturage, sur les terres de parcours ou de vaine pâture, seront saisis par les gardes champêtres, et même par toutes autres personnes, et conduits dans l'endroit qui sera indiqué par le maire.

Art. 6. Il est défendu d'amener sur les marchés de Sceaux et de Poissy, de la Chapelle-Saint-Denis, de la Maison-Blanche, à la halle aux

veaux de Paris, au marché aux chevaux et à la
foire Saint-Denis, des animaux atteints de maladies, à peine de 300 fr. d'amende.

Art. 7. Les animaux amenés sur ces marchés
seront visités par des experts avant leur exposition en vente sur lesdits marchés.

Art. 8. Si, en contravention aux deux articles
précédens, des animaux atteints de maladies,
sont amenés sur les marchés, ils seront traités
dans des endroits particuliers, aux frais des
propriétaires.

Art. 9. Les bergeries, bouveries et écuries
dans lesquelles auront séjourné des animaux
malades, ne pourront servir qu'après avoir été
désinfectées, sous la surveillance des maires,
d'après les procédés indiqués à la suite de la
présente ordonnance.

Art. 10. Les animaux morts seront enfouis
dans le jour, avec leurs peau et laine, à un mètre trente-quatre centimètres de profondeur
(quatre pieds), hors de l'enceinte des communes:
le tout aux frais des propriétaires.

Art. 11. Il sera pris, envers les contrevenans
aux dispositions ci-dessus, telles mesures administratives qu'il appartiendra, sans préjudice des
poursuites à exercer contre eux par-devant les
tribunaux, conformément à la loi du 6 octobre
1791, et aux arrêts des 19 juillet 1746, 23 décembre 1778 et 16 juillet 1784.

Art. 12. La présente ordonnance sera impri-
mée; elle sera publiée et affichée dans Paris et
dans les communes rurales du ressort de la préfecture de police.

Les sous-préfets de Saint-Denis et de Sceaux, les maires et adjoints dans les communes rurales du ressort de la préfecture de police, les commissaires à Paris, les officiers de paix, les commissaires des halles et marchés, et les autres préposés de la préfecture de police, sont chargés, chacun en ce qui le concerne, de tenir la main à son exécution.

Le général commandant la première division militaire, le général commandant d'armes de la place de Paris, le chef de légion de la gendarmerie nationale, sont requis de leur faire prêter main forte au besoin.

Le conseiller d'état préfet,

signé DUBOIS.

Par le conseiller d'état préfet,
Le secrétaire général,

signé PIIS.

INSTRUCTION.

Le charbon suit constamment les grandes chaleurs et les grandes sécheresses.

Il est le résultat d'une nourriture trop échauffante ou mal conditionnée, d'une mauvaise boisson, de travaux forcés et de la malpropreté des logemens des animaux.

Il les attaque tous indistinctement, mais plus particulièrement les moutons, les bœufs et les chevaux.

Quelques animaux en ont déjà été affectés

dans plusieurs communes du département de la Seine et dans les marchés.

Les animaux qui en sont atteints meurent quelquefois sur-le-champ, et avant qu'on ait pu s'apercevoir qu'ils étaient malades.

Il est dangereux de saigner, de fouiller on de dépouiller les animaux malades ou morts.

Plusieurs personnes sont mortes ou ont été grièvement malades pour s'être livrées à ces opérations.

Dans les circonstances actuelles, les ravages de cette maladie étant à craindre, il est important de les prévenir; les moyens en sont simples, peu dispendieux et à la portée de tous les habitans des campagnes.

1° Il sera urgent, de la part des propriétaires, de se conformer à l'article 1er de l'ordonnance ci-dessus, et de faire appeler sur-le-champ le vétérinaire pour constater la maladie et ordonner le traitement convenable, si l'animal en est susceptible.

2° S'il n'est pas possible de donner de la nourriture verte aux animaux, il faudra avoir soin d'asperger leurs fourrages avec de l'eau dans laquelle on aura fait fondre une poignée de sel de cuisine par seau, et où l'on ajoutera un verre de vinaigre.

3° L'eau étant généralement mauvaise, en ce moment, dans la plupart des campagnes, il faut la corriger avant de la faire boire, avec une bonne pincée de sel et un demi-verre de vinaigre par seau.

4° Les animaux qui vont aux champs, n'y seront conduits que le matin et le soir; on les rentrera dans le milieu du jour.

5° Il faudra éviter, le plus possible, les bords des grandes routes, où il y a constamment une poussière épaisse et étouffante.

6° Ceux qui travaillent seront ménagés ; souvent les travaux de la moisson ont été interrompus parce que les propriétaires avaient forcé leurs animaux, trop peu nombreux, pour se hâter de rentrer leur récolte.

7° Les habitations des animaux seront nettoyées, lavées, s'il en est besoin, bien aérées, et on y répandra du vinaigre, une ou deux fois par jour, surtout lorsqu'ils y rentreront pendant la chaleur.

Art. 8. Enfin celles ou il y aura eu des animaux malades ou morts, seront désinfectées de la manière suivante.

Désinfection des bergeries, bouveries, écuries, etc.

La propreté, la libre circulation de l'air, le lavage à grande eau, et les fumigations minérales, sont les bases de toute désinfection.

On balaiera l'aire, les murs et les planchers des bergeries, bouveries et écuries ; on n'y laissera ni fumier ni fourrages, ni toile d'araignée, ni aucune matière combustible.

On ouvrira les portes et les fenêtres pour faciliter la libre circulation de l'air ; on pratiquera même des ouvertures, si celles qui existent ne suffisent pas.

Les murs à la hauteur d'un mètre (trois pieds) seront lavés à grande eau avec des balais, jusqu'à ce qu'ils soient parfaitement nettoyés.

La terre de l'aire des bergeries, bouveries et écuries, sera enlevée de six centimètres (deux pouces) d'épaisseur, renouvelée et rebattue.

On y fera ensuite la fumigation suivante : on portera dans les bergeries, bouveries et écuries un réchaud rempli de charbons allumés, sur lequel on mettra une terrine à moitié pleine de cendre.

On posera sur cette cendre une autre terrine ou un vase large quelconque, dans lequel on mettra douze grammes (quatre onces environ) de sel commun un peu humide; on versera neuf grammes (trois onces environ) d'huile de vitriol; on fermera les portes et les fenêtres, et on se retirera aussitôt, pour ne pas respirer la vapeur très abondante qui se dégagera, et qui bientôt remplira tout le local; on n'ouvrira que lorsque la vapeur sera entièrement dissipée; on pourra alors y faire rentrer les animaux.

Cette fumigation peut être faite pendant que les animaux seront aux champs; il suffira d'ouvrir les portes et les fenêtres un moment avant que les animaux rentrent dans les bergeries, bouveries et écuries.

Toutes autres fumigations de plantes aromatiques sont inutiles; elles ne servent qu'à déplacer une odeur par une autre.

MONITEUR DU 13 AVRIL 1812. — N° 104.

Lausanne, 2 avril.

La maladie des bêtes à cornes qui règne dans
ce canton tend actuellement à sa fin ; elle s'est
étendue sur un grand nombre de communes ;
mais dans presque toutes il n'y a eu depuis
quelques mois qu'un très-petit nombre de vaches
et de bœufs qui en ait été atteint. On a donné
fort mal à propos à cette maladie le nom de
surlangue; il est de fait qu'elle n'a aucun rapport avec la *surlangue* proprement dite. La véritable *surlangue* est une maladie excessivement
contagieuse et très-meurtrière, qui appartient
à la classe des maladies charbonneuses du bétail;
c'est une espèce de peste. Notre épizootie n'a
point eu ce caractère ; elle n'a été accompagnée
d'aucun danger. Si sur quelques montagnes elle
s'est montrée plus grave, il faut l'attribuer aux
mauvaises pratiques adoptées par quelques frui-
tiers.

Cependant, il est impossible de nier absolument que cette maladie soit contagieuse ; elle
l'est, mais à un degré faible, lorsque les animaux ne sont pas entassés les uns sur les autres.
Aussi, le conseil de santé a-t-il cru devoir ordonner à cet égard des mesures de précaution
qui s'observent avec la plus grande exactitude
partout où elle se manifeste, et, comme il s'est
assuré qu'il est très-généralement vrai que lorsqu'un animal a une fois eu la maladie, il ne la
reprend pas, il a conseillé, pour abréger la

durée des bans et interdictions, de l'inoculer à tous les animaux des communes où elle paraît ; ce qui s'est pratiqué avec le plus grand succès dans plusieurs endroits.

Ordonnance du roi des 15 et 27 janvier 1816, contenant des mesures pour prévenir la contagion des maladies épizootiques. (Moniteur, 31 janvier, n° 31.)

Louis, etc.;

Sur le rapport qui nous a été fait par notre ministre secrétaire d'État de l'intérieur, de l'épizootie désastreuse qui enlève journellement un grand nombre de bœufs et de vaches, et qui paraît avoir été apportée dans plusieurs parties du royaume par les animaux amenés à la suite des armées étrangères ;

Touché des pertes qui en résultent pour nos sujets, nous nous sommes fait rendre compte des efforts de l'administration dans cette circonstance, et nous avons eu la satisfaction de reconnaître que rien n'avait été négligé pour arrêter les progrès de ce fléau ;

Voulant compléter les mesures prises précédemment, et donner à nos sujets propriétaires et cultivateurs des preuves de notre vive sollicitude, en prévenant autant qu'il est en nous les suites funestes de l'épizootie, et en procurant des indemnités à ceux qui auraient éprouvé des dommages pour l'exécution des dispositions rigoureuses que commande l'intérêt général de l'État;

Nous avons ordonné et ordonnons ce qui suit :

Art. 1er. Dans tous les lieux où a pénétré l'épizootie, et dans ceux où elle pénètrera par la suite, les préfets continueront de faire exécuter strictement les dispositions des arrêts des 10 avril 1714, 24 mars 1745, 19 juillet 1746, 18 décembre 1774, 30 janvier 1775 et 16 juillet 1784, et de l'arrêté du directoire exécutif du 27 messidor an 5, concernant les épizooties.

Art. 2. Sur la demande des autorités administratives, les gardes nationales, la gendarmerie, les gardes champêtres, et, au besoin, les troupes de ligne, seront employés pour assurer l'exécution des dispositions rappelées et indiquées dans le précédent article, notamment pour former des cordons et empêcher la communication des animaux suspects avec les animaux sains.

Art. 3. Dans les départemens où la maladie n'a pas encore pénétré, les préfets ordonneront la visite des étables aussi souvent qu'ils le jugeront utile ; ils exerceront une surveillance active, et feront les dispositions nécessaires pour que l'on puisse exécuter sur-le-champ, et partout où besoin sera, toutes les mesures propres à arrêter les progrès de l'épizootie, si elle venait à se manifester.

Art. 4. A la première apparition de symptômes de contagion dans une commune, il y sera envoyé des vétérinaires chargés de visiter les bestiaux, et de reconnaître ceux qui doivent être abattus, aux termes des réglemens cités en l'art. 1er; l'abattage aura lieu sans délai, sur l'ordre des maires ou des commissaires délégués par les préfets.

Art. 5. Il sera dressé des procès-verbaux à l'effet de constater le nombre, l'espèce et la valeur des animaux qui ont été ou qui seront abattus pour arrêter les progrès de la contagion : les extraits de ces procès-verbaux seront transmis par les préfets à notre directeur-général de l'agriculture et du commerce, qui fera établir l'état des indemnités auxquelles les propriétaires de ces animaux auront droit, d'après les bases déterminées par les arrêts du conseil des **18 décembre 1774** et **30 janvier 1775**.

Art. 6. Nos ministres secrétaires d'État de l'intérieur et des finances se concerteront pour nous soumettre un projet de loi sur les moyens de pourvoir à ces indemnités : ce projet sera présenté aux chambres à leur prochaine session.

Art. 7. Ils nous proposeront ultérieurement les mesures propres à assurer en tout temps des ressources suffisantes pour indemniser les propriétaires de bestiaux des pertes qu'ils éprouveront, soit par l'effet direct des épizooties contagieuses, soit par l'exécution des dispositions prescrites pour en arrêter les progrès.

Art. 8. Nos ministres de l'intérieur, des finances et de la guerre sont chargés de l'exécution de la présente ordonnance.

CHAPITRE VIII.

Dispositions pénales relativement aux animaux domestiques,
pour les contraventions mentionnées aux arrêts des 10 avril
1714, 24 mars 1745, 19 juillet 1746, 18 décembre 1774,
30 janvier 1775 et 16 juillet 1784, et l'arrêté du Directoire
exécutif du 27 messidor an V. (Voir ces arrêts, qui prononcent des amendes.)

Décret *du 28 septembre* 1791, *sanctionné le 6 octobre, tit.* 11, *de la police rurale.*

Art. 12.

Les dégâts que les bestiaux de toute espèce,
laissés à l'abandon, feront sur les propriétés d'autrui, soit dans l'enceinte des habitations, soit
dans un enclos rural, soit dans les champs ouverts, seront payés par les personnes qui ont la
jouissance des bestiaux; si elles sont insolva-
bles, ces dégâts seront payés par celles qui en
ont la propriété. Le propriétaire qui éprouvera
les dommages aura le droit de saisir les bestiaux,
sous l'obligation de les faire conduire dans les
vingt-quatre heures au lieu du dépôt qui sera
désigné à cet effet par la municipalité.

Il sera satisfait aux dégâts par la vente des
bestiaux, s'ils ne sont pas réclamés, ou si le
dommage n'a point été payé dans la huitaine du
jour du délit.

Art. 13.

Les bestiaux morts seront enfouis dans la journée à quatre pieds de profondeur, par le propriétaire et dans son terrain, ou voiturés à l'endroit désigné par la municipalité, pour y être également enfouis, sous peine par le délinquant de payer une amende de la valeur d'une journée de travail, et les frais de transport et d'enfouissement.

Art. 23.

Un troupeau atteint de maladie contagieuse, qui sera rencontré au pâturage sur les terres du parcours ou de vaine pâture, autres que celles qui auront été désignées pour lui seul, pourra être saisi par les gardes champêtres, et même par toute personne; il sera ensuite mené au lieu du dépôt qui sera indiqué à cet effet par la municipalité.

Le maître de ce troupeau sera condamné à une amende de la valeur d'une journée de travail par tête de bêtes à laine et à une amende triple par tête d'autre bétail.

Il pourra, en outre, suivant la gravité des circonstances, être responsable du dommage que son troupeau aurait occasioné, sans que cette responsabilité puisse s'étendre au-delà des limites de la municipalité.

A plus forte raison, cette amende et cette responsabilité auront lieu, si ce troupeau a été saisi sur les terres qui ne sont point sujettes au parcours ou à la vaine pâture.

Art. 1835, Code civil.

Le propriétaire d'un animal, ou celui qui s'en sert, pendant qu'il est à son usage, est responsable du dommage que l'animal a causé, soit que l'animal fût sous sa garde, soit qu'il fût égaré ou échappé.

Epizootie. Code pénal. Injonction aux détenteurs ou gardiens d'animaux ou de bestiaux soupçonnés d'être infectés de maladie contagieuse, d'en avertir le maire de la commune et de les renfermer provisoirement.

Art. 459.

Tout détenteur ou gardien d'animaux ou de bestiaux soupçonnés d'être infectés de maladie contagieuse, qui n'aura pas averti sur-le-champ le maire de la commuue où ils se trouvent, et qui même, avant que le maire ait repondu à l'avertissement, ne les aura pas tenus renfermés, sera puni d'un emprisonnement de six jours à deux mois et d'une amende de seize francs à deux cents francs.

Art. 460.

Seront également punis d'un emprisonnement de deux mois à six mois et d'une amende de cent francs à cinq cents francs, ceux qui, au mépris des défenses de l'administration, auront laissé leurs animaux ou bestiaux infectés communiquer avec d'autres.

Art. 461.

Si, de la communication mentionnée au précédent article il est résulté une contagion parmi les autres animaux, ceux qui auront contrevenu aux défenses de l'autorité administrative, seront punis d'un emprisonnement de deux à cinq ans, et d'une amende de cent francs à mille francs ; Le tout, sans préjudice de l'exécution des lois et règlemens relatifs aux maladies épizootiques et de l'application des peines y portées.

Art. 462.

Si les délits de police correctionnelle dont il est parlé au précédent chapitre ont été commis par des gardes champêtres ou forestiers, ou des officiers de police, à quelque titre que ce soit, la peine d'emprisonnement sera d'un mois au moins et d'un tiers an plus, en sus de la peine la plus forte qui serait appliquée à un autre coupble du même délit.

Art. 463.

Dans tous les cas où la peine d'emprisonnement et celle de l'amende sont prononcées par le Code pénal, si les circonstances paraissent atténuantes, les tribuuaux correctionnels sont autorisés, même en cas de récidive, à réduire l'emprisonnement, même au-dessous de six jours, et l'amende, même au dessous de seize francs ; ils pourront aussi prononcer séparément l'une ou l'autre de ces peines, sans qu'en aucun cas elle puisse être au-dessous des peines de simple police.

DISPOSITION GÉNÉRALE.

Art. 484.

Dans toutes les matières qui n'ont pas été réglées par le présent Code et qui seront régies par des lois et réglemens particuliers, les cours et les tribunaux continueront de les observer.

***

Le Dictionnaire de police moderne, par Alletz, 2e édition, tome 1er, pages 413 et suivantes, au mot *Chevaux*, divise l'article en trois parties ; il traite de la vente et de l'essai des chevaux, des chevaux attaqués de la morve et, de la fourrière des chevaux, qu'il est utile de connaître, méritant une attention particulière dans le commerce des chevaux qui se fait à Paris.

§ 1er. *Vente et essai des Chevaux.*

Art. 1er. Le marché aux chevaux tient à Paris le mercredi et le samedi, depuis deux heures après midi jusqu'à cinq heures, du 1er octobre au 31 mars, et jusqu'à sept heures du soir, du 1er avril au 30 septembre, sur l'emplacemet à ce destiné, entre la rue du Marché aux Chevaux et le boulevart de l'Hôpital. Si le jour du marché se trouve un jour de fête, il tient la veille. *Or-*

donnance du *Préfet de police du 3 décembre* **1816,** *articles* 1er *et* **2.**

Art. 2. Défense de vendre des chevaux sur le marché avant son ouverture; il doit être évacué aussitôt après la fermeture. *Idem*, *art.* 3.

Art. 3. Défense de laisser des chevaux sur le marché sans être attachés ou tenus, et d'en attacher aux barrières et aux arbres. *Idem, art.* 4.

Art. 4. La vente des chevaux à l'encan ne peut être faite que sur le terrain à ce affecté. *Idem, art.* 5.

Art. 5. Les jours de marché, on ne peut attacher ni faire stationner aucun cheval dans les rues adjacentes au marché. *Idem, art.* 6.

Art. 6. Aucunes voitures n'entrent ni ne stationnent dans le marché; elles sont rangées sur le boulevart de l'Hôpital, dans la rue de la Muette et dans la rue de la Cendre; celles destinées à être vendues avec les chevaux sont placées sur le boulevart, dans la demi-lune qui est dans le marché. *Idem, art.* 6 *et* 7.

Art. 7. Les chevaux de trait ne peuvent être essayés que dans la rue dite de *l'Essai*, et les chevaux de selle sur la chaussé du marché. *Idem, art.* 8.

Art. 8. On ne fait courir aucuns chevaux dans les contre-allées du marché, ni dans les rues adjacentes. L'essai des chevaux n'est confié qu'à des personnes capables de les conduire; l'essayeur ne peut conduire que deux chevaux à la fois, y compris celui qu'il monte. *Idem, art.* 9.

Art. 9. Défense d'essayer ou exercer des chevaux dans les rues de Paris, et autres lieux à ce non affectés, sous les peines de simple police, sans préjudice des indemnités, dommages et intérêts en cas d'accidens. *Ordonnance de police du 21 décembre 1787, art. 8; idem du Préfet de police du 1er juin 1816; Code pénal, art. 475, § 4 et art. 476.*

Art. 10. Défense de faire sauter les chevaux par-dessus les barrières du marché; les chevaux vendus comme sauteurs sont essayés dans un endroit indiqué par la police. *Ordonnance précitée du Préfet, du 3 décembre 1816, art. 10.*

Art. 11. Défense d'aller au-devant des chevaux destinés au marché, de les acheter avant qu'ils y soient arrivés. Les conducteurs doivent amener les chevaux directement au marché, à peine de fourrière. *Ordonnance du roi du 3 juillet 1763, art. 10.*

Art. 12. Les vendeurs doivent prévenir les acheteurs des défauts ou maladies des chevaux, et en faire déclaration au bureau du commissaire de police du marché, à peine de restitution du prix du cheval, avec tous les frais, sur la réclamation de l'acheteur dans la huitaine de la garantie, et sur le rapport des experts qui ont visité les chevaux. *Idem, art. 5.*

Les cas rédhibitoires pour les chevaux sont la morve, la pousse, la courbature, le cornage et le sifflage.

Art. 13. Si le vendeur et l'acheteur conviennent de déposer le prix d'un cheval vendu, le dépôt en est fait au bureau du commissaire de police du marché, et signé d'eux ; s'ils ne savent écrire, il en est fait mention. Le registre énonce dans quelles espèces est fait le dépôt, les noms, professions et demeures du vendeur et de l'acheteur ; le signalement du cheval et les conditions de la vente. Après le délai de la garantie d'usage, ou convenu, le dépôt est remis en mêmes espèces, et sans frais, au vendeur, ou ayant droit', s'il n'y a pas d'opposition. *Ordonnance précitée du préfet, art.* 11, 12 *et* 13.

Art. 14. Il y a au marché un artiste vétérinaire, nommé par le préfet de police, pour faire toute visite de chevaux.

Art. 15. Défenses aux écarrisseurs de faire le commerce de chevaux ; ils peuvent acheter ceux hors de service par maladies, vieillesse ou accident ; lesdits chevaux n'entre point dans l'intérieur du marché ; ils sont exposés en vente dans un endroit particulier indiqué à cet effet. *Ordonnance précitée du roi, art.* 7.

Art. 16. Les voitures et chevaux des contrevenans aux dispositions des quinze articles ci-dessus, peuvent être mis et gardés en fourrière, jusqu'à ce que les propriétaires se fassent connaître légalement ; remise leur en est faite en payant les frais de fourrière, sans préjudice des poursuites judiciaires, suivant la nature du délit.

Art. 17. Défense à toutes personnes de placer

des tables pour donner à boire et à manger aux chevaux, sous les peines de simples police, comme embarrassant la voie publique, et enlèvement des tables à leurs frais, en cas de refus de leur part. *Arrêté de police du 7 fructitor an IV (24 août 1796). Code pénal, art. 471, § iv.*

§ II. *Chevaux attaqués de la morve.*

Art. 18. Défense d'amener au marché et d'exposer en vente des chevaux attaqués de la morve et autres maladies contagieuses, à peine de 500 fr. d'amende. *Arrêt du Conseil du 16 juillet 1784, art. 7; Ordonnance précitée du préfet, art. 14.*

Art. 19. L'inspecteur du marché fait conduire les chevaux soupçonnés desdites maladies devant l'expert vétérinaire, qui les examine sur-le-champ. Sur son rapport, le commissaire de police ordonne les mesures d'urgence, et en rend compte au préfet.

Les chevaux susceptibles de guérison peuvent être remis aux propriétaires, à la charge par eux de les représenter à toute réquisition. Ceux reconnus incurables sont, d'après une ordonnance du préfet de police, remis à l'écarrisseur pour être abattus; les propriétaires peuvent néanmoins en requérir la visite contradictoire. Dans ce cas, le chevaux sont placés dans des endroits particuliers à ce destinés, et les frais de fourrière sont à la charge des propriétaires; en cas de partage d'avis, le préfet de police nomme un tiers expert. *Ordonnance précitée du préfet de police, art.* 15 *à* 18.

Art. 20. Il est fait ouverture des chevaux abattus, et dressé procès-verbal du genre et du degré de la maladie.

Les harnais sont brûlés ou échaudés ; les garnitures en métal et les fers du cheval sont remis au propriétaire. *Idem, art.* 19 ; *arrêt précité du* 16 *juillet* 1784, *art.* 5 *et* 6.

Art. 21. Toute personne qui a dans ses écuries des chevaux morveux, doit en faire sa déclaration à l'officier de police, pour lesdits chevaux être visités par des experts vétérinaires, à peine de 500 fr. d'amende. *Arrêt précité, art.* 1er.

Art. 22. Les experts nommés par les officiers de police font des visites dans les écuries des aubergistes, maîtres de poste, entrepreneurs de messageries et de roulages, même chez les particuliers, d'après des dénonciations, en se faisant autoriser par le magistrat de police, et assister d'un officier de police, sans qu'on puisse refuser lesdites visites. *Idem, art.* 3.

Art. 23. Défense à toutes personnes de traiter aucun cheval attaqué de la morve, sans en avoir fait leur déclaration, pour ledit cheval être marqué sur le front d'un cachet de cire verte, portant *animal suspect*, et être conduit et renfermé dans un lieu isolé, sans qu'il puisse communiquer avec d'autres animaux, ni paître en commun. Le tout sous les peines portées en l'article 21 ci-dessus. *Idem, art.* 4.

Art. 24. Les chevaux reconnus morveux sont de suite abattus et enterrés dans des fosses de trois mètres de profondeur, loin de toute habitation, et les peaux sont tailladées ; les écuries ou ils ont séjourné seront désinfectées, le tout sous la même peine de 500 fr. d'amende. *Idem, art. 5 et 6.*

Art. 25. Défense sous les mêmes peines, aux aubergistes et autres, de recevoir dans leurs écuries aucuns chevaux morveux, sans en faire leur déclaration. *Arrêt précité, art. 7.*

26. Les écarrisseurs, pour l'enlèvement et écarrissage des chevaux morveux, sont commissionnés *ad hoc*, sans qu'aucun autre écarrisseur puisse s'y immiscer, à peine de 100 fr. d'amende. *Idem, art. 8.*

Art. 27. Défense aux écarrisseurs de vendre de la viande de cheval abattu pour cause de morve ou d'autres maladies contagieuses, à peine d'amende et de telle autre peine qu'il appartiendrait. *Idem, art. 9.*

Art. 28. Les maires sont tenus d'informer de suite le préfet du département des maladies épizootiques qui se manifestent dans leur arrondissement, à peine d'être responsables de tous dommages résultant de leur négligence. *Idem, art. 11.*

§ III. *Fourrière des chevaux.*

Art. 29. Les chevaux, jumens, mules, ânes et bourriques, saisis ou abandonnés, sont envoyés à la fourrière de la préfecture de police par l'officier de police qui a connaissance des faits et en a dressé procès-verbal. L'ordre d'envoi contient le signalement de l'animal, des harnais, de la voiture. *Arrêté du préfet de police du 17 mars 1813.*

Art. 30. Les animaux déposés en fourrière sont visités, dans les vingt-quatre heures, par le commissaire de police du quartier de la fourrière, assisté au besoin de l'expert vétérinaire de la préfecture de police. *Idem, art.* 5. Il s'assure si les animaux sont nourris et soignés convenablement, et veille à ce que les harnais et autres objets déposés ne puissent se détériorer. *Idem, art.* 7.

Art. 31. Les animaux et autres objets déposés ne sont rendus au propriétaire que sur l'autorisation du commissaire de police qui les a consignés, ou du préfet de police. Les frais de garde et nourriture sont préalablement acquittés par le propriétaire. *Idem, art.* 9.

Art. 32. En cas de non réclamation, ils sont vendus à l'enchère sur un marché, de l'ordre du préfet de police; le produit de la vente, tous frais déduits, est versé à la caisse de la préfecture de police, à la conservation des droits de qui il appartiendra. La vente est provoquée par le commissaire de police du quartier de la fourrière, pour prévenir le dépérissement et éviter que les frais de garde et de nourriture excèdent la valeur des objets déposés. *Idem, art.* 10.

Art. 33. La ration des animaux, pour vingt-quatre heures de séjour, est :

Pour un cheval, douze litres d'avoine, une botte de foin, deux bottes de paille.

Pour un mulet, dix litres d'avoine, une botte de foin, une botte de paille.

Pour un âne, une demi-botte de luzerne, une botte de paille, dix litres de son.

Pour un bœuf ou une vache, douze litres de son, une botte de luzerne.

Pour une chèvre ou mouton, six litres de son, une demi-botte de luzerne.

Pour un porc, cinq décalitres de son. *Idem*, *art.* 3.

Art. 34. Il est payé pour frais de fourrière, par jour, pour les fournitures ci-dessus, savoir :

	fr.	c.
Pour un cheval............................	2	50
Pour un mulet.	2	»
Pour un âne..............................	1	50
Pour un bœuf ou une vache............	1	25
Pour une chèvre ou un mouton........	»	60
Pour un porc.............................	2	»
Pour la garde d'une voiture...........	»	25

Idem, art. 12.

Art. 35. Les gardiens de fourrière sont responsables par corps, comme dépositaires de justice des animaux et autres objets à eux déposés. *Code civ., art.* 206.

Du même ouvrage, qui concerne les autres

animaux domestiques , au mot *Boucherie* , il a été extrait ce qui suit :

Art. 102. Les bestiaux pour l'approvisionnement de Paris sont insaisissables ; les oppositions n'en arrêtent point la vente ; elles tiennent sur le produit de ladite vente , lequel est déposé dans la caisse de Poissy. *Édit de décembre* 1743 , *arrêté du ministre de l'intérieur du* 19 *ventôse an* 11 (10 mars 1803), *art.* 4.

Art. 111. Défense d'exposer en vente des bestiaux étant dans les cas rédhibitoires. *Ordonnance du préfet de police du* 30 *ventôse an* 11 (21 mars 1803), *art.* 14.

Art. 112. Si un bœuf meurt dans les neuf jours de la vente, les causes en sont constatées par procès-verbal, pour assurer l'action en garantie contre le vendeur , conformément aux lettres-patentes du 1er juin 1782, art. 27. *Idem, art.* 15.

Le boucher requiert le commissaire de police du lieu où le bœuf est mort de se transporter sur les lieux. La mort est constatée par le procès-verbal , qui contient le signalement exact du bœuf , les traits et marques du vendeur et de l'acheteur , le poids, par aperçu , de l'animal, le jour et le lieu où il a été acheté, les nom et domicile du vendeur. Le commissaire de police le fait ouvrir , et, d'après l'examen et rapport de gens de l'art , il constate les causes de la mort ; il fait ensuite enfouir les chairs, sans le suif et le cuir, qui sont pesés et remis au boucher.

A Paris , l'animal est envoyé au Jardin-du-

Roi, pour la nourriture des animaux ; il est ouvert, et les causes de la mort sont constatées. Le commissaire de police est assisté, dans toute son opération, d'un agent du commerce de la boucherie, qui évalue le poids de l'animal, et le prix, au kilogramme, du suif et du cuir.

Art. 113. Les bouchers qui achètent des bestiaux sur les marchés de personnes inconnues, peuvent en déposer le prix dans la caisse de Poissy, à moins que le vendeur ne fournisse caution suffisante. Neuf jours après la vente, les fonds sont remis au vendeur, s'il n'y a point eu d'action en garantie; le tout aux termes de l'article 28 des lettres-patentes précitées. *Idem, art. 16.*

Ordonnance du préfet de police, du **12** *thermidor an X (* 31 juillet 1802), *art.* **8.**

Défense d'exposer dans les marchés des vaches qui seraient dans des cas rédhibitoires ou atteintes de maladies.

Il y a sur chaque marché un préposé pour le maintien du bon ordre et la visite des vaches.

Nota. Plusieurs des dispositions rapportées ci-dessus se rencontrent fréquemment dans les ventes de chevaux et de bestiaux; elles tracent la marche à suivre dans les départemens de la France dans de semblables circonstances.

CHAPITRE IX.

Instructions pour apprendre à connaître l'âge et les poils des chevaux. — Nous pensons qu'elles pourront être utiles aux marchands et individus qui voudront faire des acquisitions, saisies, ou des mises en fourrière, à l'effet de constater des vices rédhibitoires.

§ Ier. *De la connaissance de l'âge du cheval par l'inspection des dents, depuis sa naissance jusqu'à vingt-sept ans.*

Le poulain, en naissant, a six dents de sorties à chaque mâchoire, et même usées, ce qui semblerait annoncer que l'animal a mâché dans la matrice, ou qu'au moins ses mâchoires ne sont pas restées dans l'inaction; mais le frottement modéré d'un seul mois, serait-il bien capable de les user d'une manière sensible?

Vers le dixième ou douzième jour de sa naissance, les pinces, qui étaient formées, sortent aux deux mâchoires. Les mitoyennes paraissent une quinzaine de jours après, et ne se trouvent sorties qu'un mois après les premières. Les coins paraissent vers le quatrième mois; de manière que le poulain se trouve avoir les six dents de lait incisives à chaque mâchoire, lesquelles subsistent jusqu'à deux ans et demi ou trois ans, temps où elles commencent à tomber et d'où l'on part pour la connaissance du poulain; néanmoins il est très-aisé de tirer une induction de l'âge de cet animal depuis sa naissance jusqu'à la chute des pinces, qui est, comme nous l'avons dit, à deux ans et demi ou à trois ans ; on la peut tirer non-seulement des incisives, mais même des dents molaires avec facilité.

Les premières six semaines après sa naissance, le poulain a quatre dents incisives à chaque mâchoire, et six molaires ; ces incisives sont les pinces et les moyennes. Ces dents sont creuses au dehors et à leurs racines, et ressemblent aux dents des chevaux, lorsque ces dernières sont nouvellement poussées ; c'est-à-dire qu'elles sont pyramidales et sillonnées en dehors ; leur creux extérieur est blanc ; leur bord, soit interne, soit externe (ce que j'appelle muraille de la dent), est tranchant, et reste en cet état jusqu'au troisième mois qu'il commence à s'user, et par conséquent le creux à disparaître.

Le quatrième mois, les coins paraissent.

A six mois, elles sont de niveau avec les mitoyennes. Si l'on examine à cet âge les dents du poulain, on trouvera que les pinces sont d'un quart moins creuses que les mitoyennes ; celles-ci de moitié moins que les coins.

Les quatre premières dents s'usent peu à peu, le trou disparaît de plus en plus, de façon qu'à un an l'on commence à apercevoir un col au-dessous de la dent ; elle a moins de largeur, et est à moitié remplie.

A dix-huit mois les pinces sont pleines, ou peu s'en faut, et moins larges ; le col est plus sensible.

A deux ans, elles sont toutes rases et d'un blanc clair de lait ; les mitoyennes sont dans l'état où les pinces étaient à dix-huit mois. Ces dents se maintiennent dans cet état jusqu'à deux ans et demi, quelquefois jusqu'à trois ans, bien qu'elles montent et s'usent toujours, et deviennent moins larges, c'est-à-dire qu'elles ne servent plus d'indice certain ; mais en examinant les molaires, on trouvera qu'à un an le poulain en a quatre de lait et une de cheval ; qu'à dix-huit mois, il en a cinq, trois de lait et deux de cheval ; qu'à deux ans, les premières dents molaires de lait de chaque mâchoire tombent et font place à la dent du cheval ; car les chevaux ont six dents de lait molaires (1) à chaque mâchoire, qui sont les premières avec lesquelles les poulains naissent ; quant aux autres, elles ne tombent pas.

A deux ans et demi ou trois ans, les pinces tombent ; à celles-ci succèdent les pinces de cheval.

A trois ans et demi, les secondes molaires tombent ; la chute des moyennes arrive aussi dans ce même temps, et la sixième dent molaire est prête à percer.

A quatre ans, le poulain a six dents molaires, cinq de chevaux et une de lait qui est la troisième et dernière.

---

(1) Il est étonnant que la réalité de l'existence des dents de lait molaires ait échappé aux recherches d'un ancien écuyer et commissaire des haras.

A quatre ans ou quatre ans et demi, les coins tombent, et en même temps la troisième dent molaire de lait : pour lors le poulain a douze dents molaires à chaque mâchoire, et six incisives.

A cinq ans, pour l'ordinaire, les crochets percent, et le cheval a en tout quarante dents. Les molaires ne servent plus à la connaissance de l'âge que vers les derniers temps de la vieillesse. Il n'y a donc que les incisives et le crochet qui l'indiquent.

Telles sont les parties d'où dépend la connaissence de l'âge du cheval : on voit que c'est principalement par l'inspection de la mâchoire inférieure.

A cinq ans, les pinces sont un peu usées, et leur corps sillonné en devant ; les mitoyennes sont moins remplies : la muraille au dedans est tranchante, celle du dehors est un peu usée : les coins sont à peu près de la même hauteur que les mitoyennes, mais ce n'est que la muraille externe des coins, car l'interne ne fait que paraître ; les crochets ne sont qu'à moitié sortis, et n'ont que trois lignes dehors ; ils sont très - pointus : leur sillon en dedans paraît, mais sans être entier.

A cinq ans et demi, les pinces sont plus remplies : les murailles des mitoyennes commencent à s'user ; la muraille interne des coins est presqu'égale à l'externe, mais elle laisse une petite échancrure en dedans ; le crochet est presque dehors ou bien avancé ; ce qui dénote qu'il n'est pas encore sorti, ce sont des crénelures internes que l'on voit être comprises dans la gencive.

A six ans, les pinces sont rasées ou peu s'en faut; les mitoyennes sont dans l'état où étaient les pinces à cinq ans : les coins sont égaux partout, et creux : la muraille externe est un peu usée; les crochets sont entièrement poussés; ils sont pointus, pyramidaux, arrondis au dehors et sillonnés au dedans; vers les gencives on aperçoit en dedans que les sillons sont sortis, parce qu'ils ne règnent pas jusqu'au bas.

A six ans et demi, les pinces sont entièrement rasées; les mitoyennes le sont plus qu'elles ne l'étaient; la muraille interne des coins est un peu usée et ne laisse qu'une cavité : le crochet est un peu émoussé d'une ligne ou environ.

A sept ans, les mitoyennes sont rasées; les coins sont plus remplis, et le crochet usé de deux lignes.

A sept ans et demi, les coins sont remplis, à peu de chose près, et le crochet est usé d'un tiers de l'étendue de ses sillons, c'est-à-dire du tiers de la longueur du crochet.

A huit ans, le cheval a rasé entièrement, et le crochet est arrondi.

Il est à propos de remarquer que les dents ne se remplissent pas; qu'elles ont la même longueur qu'elles avaient dans leur état de formation, tant molaires qu'incisives, mais qu'elles sont poussées au-dehors dans les poulains et dans les jeunes chevaux par le mucilage qui se trouve aux racines ou par le diploé, et par le sucre osseux qui se trouve entre les deux tables de chaque côté de la mâchoire, et par le rapprochement de ces deux tables; car à considérer les mâchoires inférieures des poulains, elles sont très-arrondies dans leur bord inférieur, au lieu que celles des vieux chevaux sont tranchantes; ce qui prouve que l'une et l'autre de ces parties contribue à la sortie des dents.

Il y a des chevaux ou jumens que l'on appelle bégus, c'est-à-dire qui marquent toujours : cela est faux; ils marquent à la vérité plus long-temps, ce qui ne fait pas une grande différence. D'ailleurs, que ce soit chevaux ou jumens, il y a toujours des indices certains de l'âge, soit par la largeur des dents, par leurs sillons, par leur figure ou par leur implantation. Il est même rare qu'un homme qui a bien vu et bien examiné les dents, qui les a maniées plusieurs fois, n'aperçoive pas l'âge des chevaux; ainsi tous les amateurs sont invités de faire une collection de dents de différens âges, et d'en considérer attentivement et souvent la figure, la courburo et leurs différentes parties.

Passé huit ans, les mêmes dents incisives servent d'indices ainsi que les crochets, mais principalement les premières. Pour cet effet, il faut se rappeler ce que nous avons dit, que les incisives ont une figure pyramidale : sa face du dehors est plate et marquée d'un sillon; celle du dedans est arrondie, et devient d'autant plus tranchante qu'elle approche davantage de sa racine; ses côtés, arrondis à leur sortie, sont sillonnés à leurs racines ; il faut rappeler encore l'état des crochets, qui sont sillonnés en dedans, gros et arrondis dans leurs corps ; également arrondis, mais plus ou moins en pointe, à leurs racines.

Ainsi, à neuf ans, les pinces deviennent plus rondes ; les crochets n'ont presque point de sillons.

A dix, les crochets n'ont plus de sillons.

De dix à douze, il y a peu de différence.

A douze, les pinces sont moins larges, mais plus épaisses ; les crochets sont totalement arrondis.

De douze à quatorze, il y a peu de différence ; elle n'est sensible que pour ceux qui se sont particulièrement attachés à bien distinguer les changemens qui arrivent aux dents.

A quinze, les pinces sont triangulaires et plongent en avant ; pour lors les crochets ne sont d'aucun secours.

Dans l'espace de quinze à vingt, les différences sont sensibles qu'en ce que les dents plongent davantage et sont plus petites ; mais à vingt ans, l'on aperçoit les deux crénelures qui sont aux côtés des dents, de façon que les dents sont plates et moins serrées.

A vingt-et-un ans, quelquefois à vingt-deux, les premières dents molaires tombent ou sont tellement usées, que l'on y distingue trois racines.

A vingt-trois, les secondes tombent.

A vingt-quatre, c'est la quatrième.

A vingt-cinq, ce sont les troisièmes.

A vingt-six, les cinquièmes molaires ; mais les sixièmes restent quelquefois jusqu'à trente ans. J'ai cependant vu des chevaux avoir, à cet âge, quatre dents molaires de chaque côté : j'en ai vu d'autres avoir perdu toutes leurs dents molaires à dix-sept ans ; quant aux incisives, elles tombent les dernières, vers l'âge de trente à trente-un an; pour lors les gencives et les alvéoles se rapprochent, deviennent tranchantes et font fonctions des dents.

§ II. *Récapitulation de l'âge du cheval, depuis sa naissance jusqu'à la chute de ses dents, laquelle arrive vers la vingt-sixième ou trentième année.*

Le cheval naît avec six dents molaires à chaque mâchoires.

Le dixième ou douzième jour après sa naissance, il lui pousse deux pinces à chaque mâchoire.

Quinze jours après, les mitoyennes paraissent.

Trois mois après celles-ci sortent les coins.

A dix mois, les incisives sont de niveau et creuses, à la vérité les pinces moins que les mitoyennes, celles-ci moins que les coins.

A un an, on distingue un col à la dent ; son corps a moins de largeur et est plus rempli; quatre dents molaires, trois de poulain et une de cheval.

A dix-huit mois, les pinces sont pleines, et le poulain a cinq dents molaires, deux de cheval et trois de lait.

A deux ans, les dents de lait sont rasées, les premières dents molaires tombent.

A deux ans et demi ou trois ans, les pinces tombent.

A trois ans et demi, les secondes molaires tombent ainsi que les mitoyennes.

A quatre ans, le cheval a six dents molaires, cinq de chevaux et une de lait.

A quatre ans et demi, les coins tombent.

A cinq ans, les crochets percent.

A cinq ans et demi, la muraille interne de la dent est presque égale à l'externe, et le crochet est presque dehors.

A six ans, les pinces sont rasées ou peu s'en faut; les coins formés, et la muraille externe un peu usée.

A six ans et demi, les pinces sont rasées entièrement; la muraille interne des coins l'est un peu aussi, et le crochet émoussé.

A sept ans, les mitoyennes sont rasées, ou peu s'en faut, et le crochet usé de deux lignes.

A sept ans et demi, les coins sont presque rasés et le crochet usé d'un tiers.

A huit ans, le cheval a rasé entièrement, et le crochet est arrondi.

A neuf ans, les chevaux n'ont presque pas de crochets, et les pinces sont plus rondes.

A dix ans, les crochets n'ont plus de crénelure et sont plus arrondis.

A douze ans, les crochets sont totalement arrondis; les pinces sont moins larges et augmentent en épaisseur.

A quinze ans, les pinces sont triangulaires et plongent en avant.

A vingt ans, les deux incisives sont plates et écartées.

A vingt-et-un ans ou à vingt-deux, les deux premières dents molaires tombent.

A vingt-trois, les secondes.

A vingt-quatre, les quatrièmes.

A vingt-cinq, les troisièmes.

A vingt-six, les cinquièmes,

Et la sixième quelquefois à vingt-sept ; mais ce temps n'est pas fixe, il se recule quelquefois jusqu'à trente.

A l'égard des autres signes auxquels plusieurs auteurs ont attribué la connaissance de l'âge du cheval, ils sont absurdes ; on ne peut absolument l'avoir que par l'inspection de la bouche.

Les dents, dont la fonction et l'usage sont connus de tout le monde, sont exposées à des maladies ou à des vices de conformation, telles que la carie, la multiplication, etc. En effet, il y a des chevaux qui ont un double rang de dents incisives, ce qui n'arrive point sans gêner les autres, sans leur ôter leur soutien et sans altérer le germe de la dent. D'autres chevaux ont des dents molaires doubles, lesquelles gênent les parois de la bouche et les ulcèrent. Dans d'autres, l'émail de la dent est très-mou, de sorte que l'on voit des mâchoires où il y a des dents usées, tandis que les autres ne le sont pas. Il se trouve aussi des dents dont l'émail est tendre ; pour lors les alimens et l'air les carient : cet accident occasione souvent aux chevaux de grandes douleurs, que l'on prend pour des tranchées.

§ III. *Des poils.*

Les poils varient en couleurs : on voit des chevaux qui les ont d'une seule couleur, d'autres, de deux, de trois, de quatre et quelquefois de cinq ; quelle qu'elle soit, on dit communément : ce cheval est de tel poil ou de telle robe. On a distingué les poils en simples et composés ; mais cette distinction n'est pas claire : en effet, on a appelé simples les poils uniformes ; et sous cette classe l'on a rangé les poils gris, bais, qui sont composés, etc., ou pour mieux dire, l'on n'en a pas marqué une véritable différence. C'est pourquoi je diviserai les poils en poils réguliers et non réguliers ; il n'y a que le noir qui soit régulier ; tous les autres sont irréguliers, vu qu'il y a toujours dans ces derniers une ou plusieurs couleurs. Le poil noir est le plus commun. Dans le noir on distingue le noir de geai et le mal teint : l'un et l'autre sont réguliers ou peuvent l'être ; je dis peuvent l'être, parce qu'il y a des chevaux qui ont des pelotes en tête, qui sont des marques blanches, ou qui ont des pieds blancs, mais ils sont réguliers pour la plupart. On appelle mal teint le noir qui n'est pas foncé. Parmi les chevaux noirs, il y en a qu'on appelle miroités ou pommelés, chez lesquels on aperçoit des nuances lisses et polies, plus claires en certains endroits que dans d'autres ; elles forment un bel effet, et sont plus agréables à la vue sur les chevaux noirs que sur les bais.

Parmi les poils irréguliers, je distinguerai les poils en communs et en non communs. Les communs sont : 1° le bai, dont la couleur est rougeâtre. La marque à laquelle on reconnaît un cheval bai, c'est lorsqu'il a les crins et le bas des jambes noires : de là ont été distingués le bai-clair, le bai-châtain, le bai-brun ou le bai-foncé, le bai à miroir ou miroité, ainsi nommé à cause des nuances en rond qui forment comme autant de taches où le poil semble être plus lisse.

2° L'alzan est un poil qui ne diffère guère du bai; il a, comme lui, différentes nuances; on en trouve qui ont la queue et les crins blancs, et d'autres chez lesquels ils sont noirs. Il y a alzan-clair, alzan-foncé ou brûlé, et alzan poil de vache, mais celui-ci est peu différent de l'alzan-clair.

3° Le poil gris est mélangé de noir, de noir mal teint et de blanc; la couleur dominante est le mal teint. On ne rencontre point, ou fort rarement, de chevaux totalement blancs; mais bien que M. Garsault assure qu'en Espagne quelquefois les chevaux naissent plus ou moins gris et deviennent blancs avec l'âge, les parties qui deviennent les premières blanches sont celles qui sont exposées à une forte transpiration ou sueur, telles que le col, les épaules, le corps, les fesses, ensuite la tête, et enfin les extrémités de haut en bas; en sorte que toutes les fois qu'on verra un cheval dont le bas des quatre jambes sera blanc et le reste du corps très-blanc, on peut en augurer qu'il est fort vieux. Il faut cependant remarquer qu'un cheval gris peut naître avec le bas des quatre jambes blanc, mais ce cas est rare.

On distingue les gris en gris sale et en gris foncé, où se trouvent beaucoup de poils noirs, et par conséquent peu de poils blancs.

Dans le gris-pommelé se voient des taches plus ou moins larges de blanc et de noir.

Le gris-souris est un gris mêlé.

Les poils non communs forment une classe assez nombreuse; ce ne sont que différens mélanges des précédens. Tels sont le rouhan mêlé de blanc et de bai, le rouhan cap de mort, gris sale avec la tête et les extrémités noires; le tigre, le pie, le porcelaine, etc. Tout cheval qui n'est que d'un seul poil, quel qu'il soit, sans aucun mélange de poil blanc, est nommé zain. Le poil blanc sur le front est appelé pelotte ou étoile; s'il se continue entre les yeux jusqu'aux nazeaux, en manière de bande, c'est le chanfrein blanc; s'il rend les pieds blancs, on dit que ce sont des balzanes. Si le bord de la balzane est dentelé comme une scie, c'est une balzane dentelée; si on y voit des taches noires, elle est herminée ou tachetée. Le cheval travat a les deux pieds du même côté de devant et de derrière blancs. Le transtravat a de même les deux pieds blancs, mais opposés et en diagonale, celui du montoir de devant, par exemple, et celui du hors montoir de derrière. (*Cours d'hippiatrique*, ou *Traité complet des chevaux*, par Lafosse.)

CHAPITRE X.

Formalités à observer, ou modèles d'actes pour les actions rédhibitoires dans les délais d'usage fixés par les coutumes et arrêts des anciens parlemens.

Demande pour un cas rédhibitoire. (Citer le motif.)

Requête tendant à faire nommer un artiste vétérinaire ou maréchal expert à son défaut, pour la constatation, s'il y a lieu, du vice énoncé.

§ Ier.

A monsieur le président du tribunal de commerce du département,... séant à   (ou de première instance.)   Ou à M. le juge de paix du canton d

(Cela dépend des lieux où résident les parties.)

Le sieur H.   marchand de demeurant à   à l'honneur d'exposer que le   à   il a acheté du sieur   demeurant à   , un cheval à courte queue, poil bai, âgé de   , taille de   , moyennant la somme de   payée comptant.

Que ce cheval paraît attaqué d'un vice rédhibitoire, appelé pousse, etc.

Pourquoi l'exposant requiert qu'il vous plaise

monsieur le président, nommer un expert vétérinaire, à l'effet de procéder à la visite, et constater l'état dans lequel se trouve le cheval dont s'agit, dresser procès-verbal eu présence du vendeur ou lui dûment appelé pour être ultérieurement statué ce qu'il appartiendra; l'exposant attend l'effet de sa demande.

Présenté à   le

      (Signature de l'exposant ou du fondé de pouvoir.)

Ordonnance.

Vu la présente requête, et sans préjudicier aux droits des parties, nous nommons le sieur
artiste vétérinaire, à l'effet de procéder à la visite du cheval dont s'agit, et de constater les vices et maladies dont il pourrait être atteint, en présense du vendeur ou lui dûment appelé; lequel expert dressera procès-verbal, pour valoir ce que de droit.

Donné à   le

      (Signature du juge.)

(Faire enregistrer l'ordonnance.)

Signification des requête et ordonnance au vendeur.
    (Art. 29 du tarif par anal.)

L'an   le   à la requête du sieur H.   marchand de chevaux, demeurant à   patenté le   n°   lequel fait élection de domicile, etc.;

J'ai   (immatricule de l'huissier), sous-

signé, signifié, et, avec ces présentes donné
copie au sieur V.   marchand de chevaux,
demeurant à   en son domicile, en parlant à

De la requête présentée par le requérant à
monsieur le président du tribunal de
et de l'ordonnance par lui rendue le
dûment enregistrée ; laquelle ordonnance nomme
le sieur   artiste vétérinaire, à l'effet de
procéder à la visite d'un cheval vendu par ledit
sieur V.   au requérant, de constater les
vices et maladies dont il est atteint, et du tout
dresser procès-verbal, à ce que du contenu auxdites requête et ordonnance le susnommé n'igore ;
et en vertu de ladite ordonnance, à pareilles requête, demeure et élection de domicile que dessus, j'ai, huissier susdit et soussigné, fait sommation audit sieur V.   , en son domicile,
parlant comme dit est, de comparaître et se
trouver le   de ce mois   heure d   ,
en la demeure du sieur   artiste vétérinaire,
sise à   rue   n°   , nommé par
l'ordonnance susdatée (ou au lieu désigné), à
l'effet d'être présent, si bon lui semble, tant à
la visite du cheval dont il s'agit qu'au procès-
verbal qui sera dressé par ledit sieur   déclarant audit sieur V.   que, faute de comparaître, il sera contre lui donné défaut, et procédé auxdites opérations par ledit expert, tant
en absence que présence ; et, en outre, déclare
ledit sieur H.   qu'il se pourvoira contre le
susnommé de la manière et ainsi qu'il apparlien-

dra, faisant à cet égard toutes réserves et protestations de droit, et même de répéter toutes
pertes, dépens, dommages et intérêts, à ce que
du tout ledit sieur **V.**   pareillement n'ignore,
et je lui ai, etc.

Procès-verbal de l'expert vétérinaire.

Je soussigné   vétérinaire à   y
demeurant, rue   , expert nommé d'office
par ordonnance de **M.** le président du tribunal
de commerce de   en date du   , étant
au bas d'une requête ci-jointe à lui présentée
par le sieur   , marchand de chevaux, demeurant à   , à l'effet de visiter le cheval
qui y est désignée ; constater les vices ou maladies dont il pourrait être atteint, et en dresser
procès-verbal au désir de ladite ordonnance, il
nous a été présenté ce jour, à   heures du
          par le sieur **H.**   un cheval poil
bai, courte queue, âgé de   , taille de
mesuré sous potence ; lequel sieur **H.**   m'a
déclaré être celui faisant l'objet de sa requête
susdatée, et l'avoir acheté le   du sieur
V.   aussi marchand de chevaux, demeurant à   , et auquel il a payé comptant la
somme de   ; lequel sieur **V.**   sommé,
au désir de l'ordonnance, de se trouver et être
présent à la visite, ainsi qu'il est constaté par
l'original de la sommation jointe à la requête,
n'a comparu, ni personne pour lui, quoiqu'attendu jusqu'à   heure

J'ai examiné ce cheval dans le repos, immédiatement après l'exercice, et pendant l'action de manger l'avoine; j'ai reconnu qu'il avait le mouvement du flanc irrégulier et entrecoupé par le contre-temps ou l'espèce de soubressaut qui constitue la pousse, qui est un des vices rédhibitoires. Pourquoi j'estime, aux termes des articles 1641 et 1648 du Code civil, que le sieur H   doit être autorisé à former sa demande en rescision de ce marché, et en restitution du prix qu'il a payé pour icelui, avec les intérêts, frais et dépens, contre son vendeur. En foi de tout ce que dessus j'ai rédigé le présent procès-verbal pour servir et valoir ce que de droit. Fait à   , le

(Faire enregistrer, après l'avoir fait affirmer par le juge.)   •

Demande à fin d'entérinement du rapport.

(Art. 29 du tarif.)

L'an   le   à la requête du sieur H   (énoncer la profession, la patente, domicile, élection). J'ai   huissier, etc. soussigné, donné assignation au sieur V   , marchand de chevaux, demeurant à   en son domicile, parlant à
A comparaître le   heure d
à l'audience et pardevant Messieurs les président et juges du Tribunal de commerce, séant à   , au Palais de Justice, rue

pour et attendu que le cheval vendu par le sieur V   au sieur H   est attaqué de la pousse, ainsi qu'il est constaté par le procès-verbal de **M.**   , vétérinaire, commis à cet effet, en date du   , dûment enregistré le   dudit mois, et dont est, avec ces présentes, donné copie; attendu qu'aux termes des articles 1641 et 1648 du Code civil, il y a lieu à l'action en rescision de la vente, laquelle a été intentée dans le délai de la loi; voir dire et ordonner que le procès-verbal de **M.** en date du   , sera entériné, et en conséquence que la vente faite par le sieur V au sieur H   d'un cheval âgé de taille   , moyennant la somme de payée comptant, sera et demeurera résiliée; en conséquence le susnommé sera condamné, et par corps, à rendre et restituer au demandeur la somme de   pour le prix de la vente; comme aussi à payer et rembourser audit demandeur les frais de nourriture, logement et garde dudit cheval, ensemble les intérêts desdites sommes, à compter de la vente ou livraison, et qu'il sera en outre condamné à payer au demandeur (*indiquer la somme*), à titre de dommages-intérêts, et les dépens dans lesquels entreront ceux de l'expertise.

On peut conclure aussi :

Enfin que le susnommé sera tenu de reprendre ledit cheval en satisfaisant aux condamnations prononcées contre lui; sinon et faute de ce faire, voir dire et ordonner par le même jugement et sans qu'il en soit besoin d'autre, que le demandeur sera et demeurera autorisé à faire procéder, aux risques, périls et fortune du sieur V   , à la vente dudit cheval au marché aux chevaux, un jour de marché, après une seule annonce dans un des journaux du département, pour le prix à provenir de ladite vente venir en déduction des sommes dues au demandeur, etc.

Et j'ai au sieur V   , à domicile, parlant comme il est dit, délivré et laissé copie dudit procès-verbal et du présent. (Extrait du *Formulaire général*, par Péchart et Cardon.)

§ II.

Autre vice rédhibitoire ; cheval atteint d'une péripneumonie chronique dont il est mort.

Requête aux fins de nommer un expert pour rendre compte de la maladie du cheval et de la mort qui s'en est suivie.

A monsieur le président du tribunal d
(ou à monsieur le juge de paix d   ).
(cela dépens des lieux ou résident les parties).

Le sieur L   (nom, prénoms, profession et domicile) a l'honneur d'exposer que le
à   il a acheté du sieur F   demeurant
à   un cheval à tous crins alzan cerise, âgé d   ans, taille de   moyennant la somme de   fr. payée comptant;

Que ce cheval s'est trouvé après quelques jours de l'achat, attaqué d'une maladie qui l'a fait mourir presque subitement.

Pour quoi l'exposant demande qu'il vous plaise, Monsieur, nommer un expert vétérinaire, à l'effet de visiter ledit cheval, le faire ouvrir et s'assurer qu'elle était la nature de sa maladie, si elle est produite par un vice rédhibitoire et antérieure à la vente, et ce en présence de qui il vous plaira désigner et du vendeur ou lui dument appelé, pour du tout dresser procès-verbal, sur le vice duquel il sera ensuite statué ce que de droit, et vous ferez justice.

Présenté le

      (Signature de l'exposant, d'un avoué ou d'un agréé)

Ordonnance.

Vu la requête ci-dessus, nous commettons le sieur   artiste vétérinaire, domicilié à   , à l'effet de procéder à l'ouverture du cadavre du cheval dont il s'agit, afin de reconnaître s'il est possible les véritables causes de sa mort, la nature de sa maladie, l'époque à laquelle elle a pu ou dû prendre naissance ; de tout quoi ledit sieur (que nous dispensons du serment préalable), dressera procès-verbal, qu'il affirmera en nos mains, pour valoir et servir ce que de raison.

Et attendu l'impossibilité où nous nous trouvons (à cause   ), d'être présent à l'opération du sieur   , disons que ladite opération sera faite en présence du sieur   (maire ou adjoint, commissaire de police ou garde champêtre de ladite commune, que nous chargeons d'y assister en notre lieu et place.

    Donné à   le

(Faire enregistrer l'ordonnance).

Signification des requête et ordonnance au vendeur, avec sommation d'être présent aux opérations.

L'an   le   à la requête du sieur L   (nom, prénoms, profession et élection de domicile), j'ai   (immatricule de l'huissier) soussigné, signifié, et avec ces présentes donné copie au sieur F   demeurant à   en son domicice, en parlant à   de la requête présentée par le requérant à monsieur   du tribunal de   et de l'ordonnance par lui rendue le   dûment enregistrée ; laquelle ordonnance nomme le sieur   artiste vétérinaire, à l'effet de procéder à la visite d'un cheval à tous crins alzan cerise, vendu par ledit sieur F.   au requérant et à l'ouverture dudit cheval pour constater la nature de la maladie avant la mort, et du tout dresser procès-verbal ; à ce que du contenu auxdites requête et ordonnance le sieur F   n'ignore, et, en vertu de ladite ordonnance, à pareilles requête, demeure et élection de domicile que dessus, j'ai, huissier susdit et soussigné, fait sommation au sieur F   en son domicile, parlant comme dit est, de comparaître et se trouver le   du mois   heures de   en la demeure du sieur (au lieu désigné et indiqué) à l'effet d'être présent, si bon lui semble à l'ouverture du cheval dont il s'agit et à la visite pour connaître les causes de la maladie avant sa mort, et au procès-verbal qui sera dressé par le sieur   artiste vétérinaire; déclarant audit sieur F

que, faute de comparaître, il sera contre lui donné défaut, et procédé auxdites opérations par ledit expert, tant en absence que présence; et, en outre, déclare ledit sieur L   qu'il se pourvoira contre le sieur F   de la manière et ainsi qu'il appartiendra, faisant à cet égard toutes réserves et protestations de droit, et même de répéter toutes pertes, dépens, dommages et intérêts, à ce que du tout ledit sieur F   pareillement n'ignore, et je lui ai, etc.

Procès-verbal de l'expert vétérinaire.

Je soussigné   expert vétérinaire, demeurant à   requis et nommé d'office par monsieur   à l'effet de visiter un cheval mort d'une maladie soupçonnée rédhibitoire, chez le sieur   à   ; lequel cheval il avait acheté le   du sieur   ; pour prendre les renseignemens nécessaires de ceux qui l'avaient traité pendant sa maladie, en faire l'ouverture cadavérique pour reconnaître le genre de maladie qui avait occasioné la mort, et du tout dresser procès-verbal,

Ce jourd'hui   heure d   au désir de ladite ordonnance, nous nous sommes

présenté (au lieu indiqué) chez le sieur L
dans l'écurie duquel j'ai trouvé un cheval mort
récemment; lequel sieur L   m'a déclaré
et assuré être celui ci-dessus énoncé et dont
voici le signalement : cheval entier à tous crins,
alzan cerise, âgé de   taille d   l'avoir
acheté le   du sieur F   et auquel il
l'a payé comptant la somme de   ; lequel
sieur F   , sommé au désir de l'ordonnance de se trouver et être présent à la visite,
ainsi qu'il est constaté par l'original de la sommation jointe à la requête, n'a comparu, ni personne pour lui, quoique attendu jusqu'à
heures.

Le sieur   maréchal ferrant à
est intervenu sur le lieu, et m'a déclaré que depuis le   il a soigné le cheval; l'ayant
cru affecté d'une maladie de poitrine, il lui avait
administré les breuvages et lavemens convenables. Ayant ensuite procédé à l'ouverture cadavérique, j'ai remarqué à l'ouverture de l'abdomen
(bas-ventre) que les replis du péritoine qui avoi-
sinent le foie étaient épaissis et infiltrés d'humeur
couleur jaunâtre ; le foie était beaucoup plus vo-
lumineux que dans l'état naturel et regorgé le sang
noir, sa substance se déchirant facilement ; tous
les autres viscères de cette cavité étaient dans leur
état naturel, à l'ouverture du thorax (la poitrine);
cette cavité était aux trois quarts remplie d'une
humeur liquide de couleur jaunâtre, d'une odeur
putride, dans laquelle nageaient des portions
détachées et désorganisées de la plèvre ; cette

membrane, dans toute son étendue, était épaissie, infiltrée d'humeur jaunâtre, il y avait adhérence en différens endroits de la plèvre pulmonaire à la plèvre certale ; dans l'intérieur de la substance pulmonaire et vers l'extrémité de bronches, j'ai remarqué quatre foyers purulens peu considérables; tous ces symptômes réunis me firent reconnaître l'existence d'une péripneumonie chronique, dont les causes étaient ancienne et devaient exister antérieurement à la vente, et d'après les articles 1641, 1643 et 1647 du Code civil, font rentrer cette maladie dans les cas rédhibitoires.

En foi de quoi j'ai rédigé le présent procès-verbal pour valoir ce que de droit à   les jour et au susdits, et ont les sieurs signé avec moi.

Affirmation de ce procès-verbal.

Ce jourd'hui   heure d   devant nous   s'est présenté le sieur artiste vétérinaire, commis par nous suivant notre ordonnance en date du   à l'effet de procéder à l'ouverture d'un cheval mort, ce jourd'hui chez le sieur   et de dresser procès-verbal de cette opération.

Lequel sieur   a affirmé en nos mains la vérité et sincérité de tous les faits contenus au procès-verbal ci-dessus, de laquelle affirmation le sieur   a requis acte, que nous lui avons accordé pour servir et valoir ce que de droit, et ledit sieur   a signé avec nous après lecture, à   les jour et an susdits.

Demande à fin d'entérinement du rapport.

L'an   le   à la requête du sieur L   demeurant à   (faire élection de domicile;   .

J'ai   (immatricule de l'huissier) soussigné, donné assignation au sieur F demeurant à   en son domicile, en parlant à   à comparaître le heures de   à l'audience   -pardevant (indiquer devant quel juge, le lieu de séance, etc.

Pour et attendu que le cheval vendu par le sieur F   au sieur L   est mort étant atteint de maladie antérieurement à la vente, ce qui est constaté par le procès-verbal de l'artiste vétérinaire à ce commis, en date du   affirmé, dûment enregistré le   et dont est, avec ces présentes, donné copie; attendu que le cheval est le même que celui vendu, voir dire que le marché sera considéré non avenu, le cheval étant mort d'une péripneumonie chronique antérieure à la vente; qu'aux termes des articles 1641, 1643 et 1647 du Code civil, il y a lieu à l'action en rescision de la vente, laquelle a été intentée dans le delai de la loi; voir dire et ordonner que le procès-verbal de sieur en date du   , sera entériné, et en conséquence que la perte du cheval vendu par le sieur F   au sieur L   doit être supportée par le sieur F   et qu'il doit répéter le

prix de la vente ; en conséquence le sieur F
sera condamné, et par corps , à rendre et restituer au demandeur la somme de   fr. pour le
prix de la vente dudit cheval, qu'il a touchée
comptant au moment de la livraison ; 2° les frais
de fourrière et nourriture depuis le jour de la
vente jusqu'à celui de la mort du cheval, à raison
de   f. par jour ; 3° l'intérêt de cette somme à
compter du jour de la vente ; 4° plus, aux dépens,
dans lesquels entreront les frais de requête,
procès-verbal de l'artiste vétérinaire et ceux de
droit, sous les réserves de plus amples conclusions, le cas échéant, même à titre de dommages-
intérêts.

Et j'ai au sieur F   à domicile, parlant
comme il est dit, laissé copie dudit procès-verbal et du présent.

Nota. Lorsqu'on agit contre un marchand, il est
justiciable du tribunal de commerce ; les poursuites étant dirigées par un marchand, si l'individu que l'on cite n'est pas marchand, il faut le
citer en conciliation si la somme excède cent
francs ; dans ce cas, c'est l'huissier du juge de
paix qui fait la citation, aux termes de l'art . 52
du Code de procédure civile. Tout autre huissier
peut immédiatement continuer la procédure.
La citation en conciliation doit être rédigée sur
le dernier modèle, en commençant ainsi.....
(Même préambule, etc.), à comparaître le
en l'audience et par-devant M. le juge de paix de
la ville de   en conciliation, au lieu

ordinaire de ses séances sis audit lieu , rue
pour se concilier si faire se peut
avec le requérant sur la demande qu'il entend
former en justice contre le sieur F
tendant à faire dire et juger. Vu ce qui résulte
de la requête présentée par le requérant le
souscrite de l'ordonnance de monsieur
en date du   enregistrée le   , vu le procès-verbal du sieur   artiste vétérinaire ,
demeurant à   commis à l'effet de visiter le cheval dont va être question ; attendu
qu'il résulte des explications faites à ce procès-
verbal par le sieur F   sur la sommation
qui lui a été adressée le   par exploit du
ministère de   huissier, que le sieur F
à vendu et livré au requérant le   à la foire
de   un cheval à tous crins, poil
âgé de   taille de   lequel
cheval est mort étant atteint de maladie antérieurement à la vente, ce qui est constaté par le
procès-verbal de l'artiste vétérinaire à ce commis,
attendu que le cheval est le même que celui
vendu; Voir dire, etc. (continuer les conclusions
de l'exploit comme au précédent), à défaut de
conciliation citer en jugement à comparaître à
la huitaine de la loi devant le tribunal civil.

§ III.

Cheval attaqué de la morve, etc.

A **Monsieur** le président du tribunal de commerce de   (ou à Monsieur   ),

Le sieur   (nom, profession, etc.), a l'honneur d'exposer qu'il a acheté du sieur   , etc., un cheval (le désigner); que depuis la vente il lui.a paru, après l'avoir examiné, attaqué de la maladie de la morve (ou toute autre maladie contagieuse),   attendu qu' (signes de la maladie);   pour quoi il demande que le cheval soit examiné par un expert vétérinaire qu'il vous plaira nommer, pour en faire la visite, et sur son avis le cheval soit séquestré et déposé   (désigner le lieu),   pour être ultérieurement ordonné ce qu'il appartiendra.

Présenté à   le
(Signature de l'exposant.)

(Le juge rend son ordonnance selon les faits; après son enregistrement, elle se signifie avec la requête au vendeur d'être présent à la visite du cheval : observer les mêmes formalités que celles précédentes.)

Procès-verbal de l'artiste vétérinaire.

Je soussigné, etc.   vétérinaire à y demeurant, expert nommé d'office par ordonnance de monsieur   en date du   (comme au précédent)

Après avoir prêté le serment prescrit par la loi de procéder et faire le rapport en mon honneur et conscience, ayant examiné le cheval dont il s'agit, j'ai reconnu (1)

---

(1) *Ou bien :* Ce qui caractérise les symptômes de la maladie de la morve, mais que les progrès n'en sont pas au point de ne pouvoir être soumis à un traitement, et que la maladie, dans son état actuel, n'est pas incurable; pour quoi

ce qui caractérise la maladie de la morve, dont les progrès ont été tels sur ledit cheval, qu'elle est absolument incurable ; pour quoi il est d'avis que le cheval doit être livré à l'écarrisseur pour être abattu avec les formalités usitées en pareil cas. Et a ledit expert signé le présent rapport, dont il affirme la vérité.

Nota. Par suite du rapport et les formalités prescrites, faire ordonner que le cheval sera abattu, ou faire ordonner que le vendeur sera tenu de le reprendre et d'en restituer le prix. (Prendre les conclusions suivant les faits constatés.)

§ IV.

Chevaux attaqués de la morve, amenés au marché. — *Procès-verbal du commissaire de police (sur papier libre).*

L'an   le   heure de
devant nous   commissaire de police
à   étant de service au marché aux chevaux, s'est présenté le sieur   , expert vétérinaire de la préfecture de police, demeurant rue   , n°   , et chargé de la visite des chevaux amenés au marché, lequel nous a dit qu'en exerçant ses fonctions dans ledit marché, il vient de remarquer   (où était le

j'estime que le cheval n'étant que suspect de la maladie, et étant susceptible de guérison, peut être remis à son propriétaire, pour le faire soigner et traiter isolément, sans pouvoir communiquer avec aucun autre animal et à la charge de le représenter à toute réquisition jusqu'à décision à intervenir et a ledit S..., expert signé le présent rapport, dont il affirme la vérité, après lecture faite.

cheval et autres circonstances) un cheval qui lui a paru. après l'avoir examiné, attaqué de la maladie de la morve (ou de toute autre maladie contagieuse), attendu qu'   (signe de la maladie); pourquoi il a cru devoir faire amener devant nous ledit cheval, avec la personne qui le réclame, pour être par nous ordonné ce qu'il appartiendra.

Ledit cheval étant, ainsi que nous l'avons reconnu (signalement du cheval), et a signé après lecture faite.

De suite s'est présenté un particulier qui a dit se nommer   demeurant à   ; que le cheval dont s'agit et ici présent, ne lui appartient pas; qu'il lui a été confié, pour le vendre au marché, par le sieur   demeurant à   qui en est propriétaire; qu'il ignore si ledit cheval est attaqué d'une maladie contagieuse; qu'au surplus il requiert, pour l'intérêt du sieur   qu'il soit examiné de nouveau par l'expert vétérinaire du marché aux chevaux, conjointement avec le sieur   demeurant à   que le comparant nomme pour l'expert dudit sieur) et que, quel que soit leur avis, le cheval soit séquestré et déposé en tel lieu qui sera ordonné jusqu'à ce que le sieur   soit instruit de ce qui se passe et soit entendu. Et a ledit sieur signé après lecture faite.

Ou bien : qu'il est propriétaire du cheval dont s'agit et ici présent; qu'il l'a acheté du sieur   (époque de l'achat)   , contre lequel il se réserve son recours dans le cas où ledit cheval serait reconnu atteint de maladie contagieuse ; qu'au surplus il demande un nouvel examen par experts , et qu'il nomme pour son expert le sieur   , et a signé après lecture faite.

Et a ledit sieur   , expert nommé par le sieur   , étant intervenu et nous ayant justifié de sa qualité d'expert vétérinaire, nous lui avons donné connaissance des faits , et il s'est de suite réuni au sieur   , expert du marché au chevaux , et ils ont tous deux prêté en nos mains le serment prescrit par la loi , de procéder et faire leur rapport en leur honneur et conscience. Ayant ensuite examiné le cheval dont s'agit , ils nous ont déclaré unanimement qu'ils lui ont reconnu   , ce qui caractérise la maladie de la morve , dont les progrès ont été tels sur ledit animal , qu'elle est absolument incurable ; pourquoi ils sont d'avis que le cheval doit être livré à l'écarrisseur , pour être abattu avec les formalités usitées en pareil cas. Et ont lesdits experts signé le présent rapport, dont ils ont affirmé la vérité après lecture faite.

Ou bien : Ce qui caractérise les symptômes de la maladie de la morve ; mais que les progrès n'en sont point de ne pouvoir être soumis à un traitement , et que la maladie, dans son état actuel , n'est pas incurable ; pour quoi ils estiment que le cheval n'étant que suspect de la maladie et étant susceptible de guérison , peut être remis à son propriétaire pour le faire soigner et traiter isolément , et à la charge de le représenter à toute réquisition. Et ont lesdits experts signé le présent rapport, dont ils ont affirmé la vérité après lecture faite.

Ou bien (si les experts sont partagés d'avis) : Ayant ensuite examiné le cheval dont s'agit, ils nous ont déclaré, savoir :

Le sieur   qu'   (son rapport et son avis)   , et a signé.

Le sieur   qu'   *id.*,   *id.*

Attendu laquelle différence d'avis, nous avons nommé pour tiers expert le sieur   , qui, après avoir prêté en nos mains le serment voulu par la loi et après avoir examiné le cheval dont s'agit, et en avoir conféré avec les deux experts susnommés, nous a dit (son rapport et son avis), et a signé après lecture faite.

Sur quoi nous, commissaire de police susdit :

1° Si le cheval doit être abattu : Avons livré le cheval dont s'agit au sieur   , écarrisseur, demeurant   , pour être abattu à la voirie de   ; les chairs enfouies et la peau tailladée ; ce dont il nous sera justifié dans les vingt-quatre heures. A l'égard des harnais dont était vêtu ledit cheval, les avons fait déposer dans l'endroit à ce destiné, pour être ultérieurement brûlés ;

2° Dans les autres cas ci-dessus : Avons posé sur le front du cheval dont s'agit, et pour signe de reconnaissance, notre sceau en cire rouge, et l'avons provisoirement fait déposer (indiquer l'endroit), pour y être nourri, soigné et traité aux frais du sieur   , son propriétaire, sans pouvoir communiquer avec aucun autre

animal, et à la charge par le sieur   de le
représenter à toute réquisition; le tout jusqu'à
la décision à intervenir de M. le préfet de police,
à qui il en sera référé et le présent transmis sans
délai, conformément à son ordonnance du 3 décembre 1816;

Dire ensuite, dans tous les cas : Et attendu,
1º qu'il est défendu d'amener et d'exposer au
marché des chevaux attaqués de maladie contagieuse, à peine de 500 fr. d'amende, aux termes
de l'art. 7 de l'arrêt du conseil, du 16 juillet
1784, non abrogé, maintenu au contraire implicitement par l'article 484 du Code pénal, et rap-
pelé dans l'ordonnance de M. le préfet de police
du 3 décembre 1816; 2º Qu'aux termes de l'article 1er du même arrêt, et de l'article 459 du
Code pénal, toute personne qui a dans ses écuries des chevaux suspects de maladie contagieuse, doit en faire sa déclaration à l'officier de
police de son domicile, à peine de six jours à
deux mois d'emprisonnement, et d'une amende
de 16 à 200 fr., déclaration qui n'a point été faite
par le sieur   , propriétaire du cheval
dont s'agit; avons rédigé le présent procès-verbal, pour y être donné, par voie de police correctionnelle, telles suites qu'il appartiendra. Et
avons signé.

Nota. Le modèle ci-dessus peut servir de guide
dans le cas de visites faites par les experts vétérinaires nommés par la police, dans les écuries
des maîtres de voitures publiques ; le procès-
verbal commence par la déclaration de l'expert,

qu'il a trouvé un cheval morveux dans les écuries du sieur   ; sur cette déclaration, le commissaire de police se transporte sur les lieux, et procède, à peu de chose près, comme il est dit ci-dessus. (*Dictionnaire de police moderne*, par M. Alletz, tom. 4, p. 233.)

Bœuf mort dans les neuf jours de la garantie de la vente. — Procès-verbal du commissaire de police (sur papier timbré et soumis à l'enregistrement).

L'an   , le   , heure d   , devant nous   s'est présenté le sieur   marchand boucher en étal, rue   nº   lequel nous a dit que le   , il a acheté sur le marché de   , du sieur   marchand de bœufs, que le déclarant a également acheté un bœuf dudit sieur   , lequel bœuf lui a été vendu la somme de   ; que ledit bœuf est arrivé le   à   heure de   à l'abattoir d   , où le déclarant l'a fait placer dans la bouverie; qu'aujourd'hui à   heure d   ledit bœuf a été trouvé mort dans la bouverie dudit abattoir; que le déclarant ayant intérêt, pour raison de sa garantie vis-à-vis de son vendeur, de faire constater le fait et les causes de la mort, il requiert à cet effet notre transport sur les lieux;

A quoi obtempérant et en exécution de l'article 15 de l'ordonnance de M. le préfet de police, du 30 ventôse an XI (21 mars 1803), nous nous sommes de suite transporté en la bouverie

du sieur   , située à l'abattoir d   où
étant, s'est présenté le sieur   , inspecteur
de la boucherie, assermenté en justice, demeurant   , requis par ledit sieur   (le boucher)   , pour être présent à notre opération ;
avons trouvé dans ladite bouverie, étendu sur la
litière et mort, un bœuf que nous avons reconnu
et constaté être sous poil   , etc. (signalement),   marqué   (indiquer la nature des marques et les endroits où elles sont placées);   pouvant peser environ   kilogrammes, ainsi
que nous l'a dit ledit sieur   (l'inspecteur);

De suite, avons fait charger ledit bœuf sur une
charrette, pour être conduit et livré au Muséum
du Jardin-du-Roi, pour la nourriture des animaux de la Ménagerie royale, où nous étant
transportés avec ledit sieur (l'inspecteur), et
ledit sieur (le boucher), et le bœuf ayant été
ouvert en notre présence et en présence desdits
sieurs   , par le ministère du sieur (nom,
qualités et demeure), il a été reconnu (détail
de la maladie [et des causes de la mort), toutes
lesquelles circonstances étaient plus que suffisantes pour occasioner la mort dudit animal.

Il est résulté dudit bœuf   kilogrammes de
suif, que ledit sieur (l'inspecteur) a estimé à
          le demi-kilogramme, et   kilogrammes
de cuir, que ledit sieur   a estimé à
le demi-kilogramme; lesquels objets ont été remis audit sieur (le boucher)   , ainsi qu'il le
reconnaît, pour valoir à qui de droit;

Les frais de la présente opération se sont élevés à la somme de   savoir :   (détail des frais);

Et pour le coût du présent, y compris les droits de timbre, d'enregistrement et d'expédition.

Tous lesquels frais ont été acquittés par ledit sieur   (le boucher)   , sauf son remboursement par qui de droit.

De tout ce que dessus avons rédigé le présent procès-verbal, auquel nous avons vaqué depuis ladite heure de   jusqu'à celle de   par vacation; lecture en ayant été faite aux ci-dessus dénommés, ils ont déclaré y reconnaître vérité, chacun en ce qui le concerne. En a été requis acte par ledit sieur   (le boucher)   , pour lui servir et valoir à exercer son recours contre qui il apartiendra, pour la restitution du prix d'achat dudit bœuf et le remboursement de tous frais, conformément aux lettres-patentes du 1er juin 1782; ce que nous lui avons octroyé. Et ont signé avec nous.

TABLE

GÉNÉRALE ET ANALYTIQUE

DES MATIÈRES.

§ Ier

NORMANDIE.

CHAPITRE II.

de la France, des provinces anciennes dont ils sont formés.—La nature des vices rédhibitoires des animaux, avec la dénomination de chacun, et les délais dans lesquels l'action doit être intentée, suivant les usages des lieux.   97

Nota. Les numéros répondent à ceux des départemens, qui sont par ordre alphabétique.

CHAPITRE III.

DEUXIÈME PARTIE.

CHAPITRE IV.

TROISIÈME PARTIE.
CHAPITRE V.

Jurisprudence des tribunaux, des cours royales et de la Cour de cassation, concernant les vices rédhibitoires.

Vice rédhibitoire. — (Preuve). Au cas de vente attaquée pour vices rédhibitoires, l'acquéreur doit montrer que le vice dont il se plaint existait à l'époque de la vente (29 messidor an XIII. Cour d'appel séant à Bruxelles. Sirey, t. 5, 2ᵉ partie, p. 538.   143

Vente. — Vice rédhibitoire. — (Délai). Quand l'action rédhibitoire est exercée dans le temps prescrit, la présomption légale est-elle que le vice rédhibitoire existait lors de la vente (13 juillet 1808, Cour d'appel de Besançon. Sirey, t. 9, 2ᵐᵉ partie, p. 298).   148

La cachexie, ou pourriture des moutons, donne lieu à une action rédhibitoire, même quand ils ne sont donnés qu'à cheptel (4 mars 1812, Cour d'Orléans).   150

Quoiqu'il n'y ait que les vices cachés de l'objet vendu qui puissent donner lieu à l'action rédhibitoire, cependant on peut ordonner une mesure interlocutoire pour vérifier si, au moment de la vente, le cheval dont on a garanti la vue avait sur les yeux un commencement de cataracte (11 juin 1812, Cour d'Orléans).   151

(Usage locaux). 1º Commerçant.—Vente;

2° vices rédhibitoires. — Usage locaux;
3° dépens , compensation. L'art. 1648
Code civil s'en réfère-t-il à l'usage des
lieux, non seulement en ce qui touche les
délais dans lesquels doit être formée l'action en garantie pour vices rédhibitoires , mais aussi pour déterminer la nature des vices rédhibitoires ? (Cour
royale de Metz, 19 avril 1823. Sirey ,
t. 23, 2ᵉ partie, p. 312).   152

Vice rédhibitoire. — Tic. — Cheval. —
Usage. — Le tic n'est pas un vice rédhibitoire pour les chevaux, selon l'usage
de Normandie. En général, pour qu'il y
ait vice rédhibitoire dans le sens de
l'art. 1648, Cod. civil (à part l'empire
des usages locaux), il ne suffit pas qu'il
y ait vice caché ôtant de l'agrément ou
de la valeur , il faut (selon le vœu de
l'article 1641) que le vice caché rende
l'animal plus ou moins impropre au service ou usage auquel il est destiné (Cour
royale de Caen , 22 novembre 1826, 4ᵉ
chambre, Sirey. t. 27 , 2ᵉ partie , p.
223).   162

1° Action rédhibitoire. — Immeubles ;
— 2° Action rédhibitoire. — Prescription; 3° vices rédhibitoires. — Caractères (Cour royale de Lyon, 5 août 1824.
Sirey, t. 24, 2ᵉ partie, p. 365).   165

(Action). Le délai de l'action en résiliation de vente pour vices rédhibitoires
court du jour de la vente, et non pas
seulement du jour de la délivrance,
lorsque la vente à eu lieu en foire, si la

délivrance n'a été retardée que par suite d'une **convention** entre les parties, du moins il n'y a pas lieu à casser le jugement qui le décide ainsi par appréciation des circonstances de la cause (Code civil, art. 1648. Cour de cass., 17 mars 1829. Sirey, t. 29, 1ʳᵉ partie, p. 139).

Vice rédhibitoire.—Délai. — L'obligation d'intenter dans un bref délai, suivant l'usage des lieux, l'action en résiliation de la vente, pour vices rédhibitoires, cesse-t-elle d'être applicable au cas où, lors de la **vente**, le vendeur s'est soumis expressément à cette action par une convention particulière ?

L'action rédhibitoire est recevable, quoiqu'elle n'ait été intentée qu'après le délai fixé par l'usage des lieux, si avant, l'expiration de ce délai l'acquéreur a fait constater le vice rédhibitoire par des gens de l'art, et l'a dénoncé au vendeur (Code civil 1648).

12 mars 1831, Cour royale de Bourges. 2ᵉ chambre. (Sirey, t. 32, 2ᵉ partie, p. 94).

(Usage, délais). Une commune placée autrefois dans le ressort d'un parlement où l'usage avait fixé à neuf jours le délai dans lequel devaient être intentées les actions rédhibitoires, continue à être régie par cet usage, bien que par suite de la nouvelle division territoriale de la France qui eut lieu en 1789, cette commune se trouve incorporée aux territoire qui faisait partie du ressort d'un

166

169

pour connaître par voie principale d'une vente faite par un individu non commerçant, il est également incompétent pour en connaître par voie récursoire de garantie. (Code de procédure, art. 181, 424.

CHAPITRE VI.

De la compétence.

Pour les ventes et achats de chevaux et de bestiaux, et des contestations relatives aux vices rédhibitoires , devant quels juges les actions doivent-elles être intentées? Il y a trois juridictions; c'est la qualité des parties et le prix de la vente qui détermine la compétence.

QUATRIÈME PARTIE.

DISPOSITIONS LÉGISLATIVES
RELATIVES AUX MALADIES ÉPIDÉMIQUES ET ÉPIZOOTIQUES
DES BESTIAUX ET ANIMAUX DOMESTIQUES.

CHAPITRE VII.

CHAPITRE VIII.

CHAPITRE IX.

CHAPITRE X.

FIN DE LA TABLE.